믿음을
살다

| 초판 | 1쇄 인쇄 2016년 9월 12일 |
| | 1쇄 발행 2016년 9월 26일 |

지은이	휴 홀터
옮긴이	박일귀
만든이	김혜정
기획위원	김건주
디자인	홍시 송민기
마케팅	윤여근, 정은희
제작	조정규

발행처	도서출판 CUP
출판신고	제 2014-000035호(2001. 06. 21)
주소	(04374) 서울특별시 용산구 이촌로 2가길 5 A동 103호(이촌동, 한강르네상스빌)
전화	02) 745-7231
팩스	02) 6455-3114
이메일	cupmanse@gmail.com
홈페이지	www.cupbooks.com

| ISBN | 978-89-88042-78-6 03230 Printed in Korea |

Originally published in English under the title : *Flesh* ⓒ 2014 by Hugh Halter
David C. Cook, 4050 Lee Vance View, Colorado Springs, Colorado 80918 U.S.A.
All rights reserved.

This Korean translation edition ⓒ 2016 by CUP, Seoul, Republic of Korea
This Korean edition is published by arrangement of David C. Cook
through rMaeng2, Seoul, Republic of Korea.

믿음을 살다

휴 홀터 **Hugh Halter** | 박일귀 옮김

CUP

추천사

●

나는 꽤 오래전부터 종교적인 영성의 한계를 느끼고 일상생활의 영성에 관심을 가졌다. 그런 주제를 다룬 책들을 꽤 읽어봤다. 그런데 이책은 매우 참신하다.

저자는 일상생활의 영성을 예수님의 성육신이라는 신학적 안목으로 정리했다. 예수님의 십자가의 구속과 부활에 가려진 성육신을 드러내면서 우리 삶을 새로운 눈으로 보게 한다. 성육신의 삶이 강조되기에 복음에 관한 강조가 약할 것으로 생각하지 마라. 오히려 복음과 전도, 그리고 교회 공동체를 성육신의 관점으로 새롭게 풀어준다.

이 책의 내용만큼이나 성육신적인 것은 내용을 설명하는 저자의 자세다. 정말 인간적이다. 성육신의 의미를 실감하게 한다. 그것만으로도 이 책은 읽을 가치가 있다.

그러나 이 책을 읽다 보면 한국의 성도들이 거부감을 느끼는 부분이 있을 수도 있겠다. 그럴 때면 예수님이 그 당시 사람들에게 그런 거부감을 느꼈을 수 있겠다고 생각하면서 읽어 넘어가 주었으면 좋겠다.

방선기 | 목사, 직장사역연구소장

팔뚝에 문신을 하고, 와인을 마시고, 할리 데이비드슨 오토바이를 타면서 예수를 닮을 수 있을까? 한국의 대부분 교인은 고개를 절레절레 흔들 것이다. 교회와 세상이 분리되고, 신앙과 생활이 분리된 것이 아무렇지도 않은, 아니 더 정확하게 말하면, 교회 안에서 하는 신앙적 고백과 세상 속에서 살아가는 내 삶이 전혀 달라도 문제가 되지 않는 오늘날 한국 교회에서 이 책은 정말 낯선 내용을 담고 있다. 그러나 정말 성육신하신 예수님을 따라 인생을 살고 싶은 사람들이 있다면, 그래서 예수님이 그러셨던 것처럼 종교적 껍데기를 깨고 사람들의 친구가 되고, 그들과 대화를 나누고, 그들을 도전하고, 종국에는 그들을 변화시키기를 원하는 사람들이 있다면 이 책을 사라. 읽으라. 그리고 살아내라. 믿음을 말하는 자가 아니라 살아내는 자들이 돼라! 아! 오늘날 이런 그리스도인들이 우리 한국 교회에 얼마나 간절한가!

김형국 | 나들목교회 대표목사, 하나복DNA네트워크 대표

매력적이고 따뜻하면서도 열정적이고 예언자적이다. 한 마디로 정말 멋진 책이다.

마이클 프로스트 | 「세상을 놀라게 하라」, 「일상, 하나님의 신비」, 「바보 예수」의 저자

「믿음을 살다」는 휴 홀터의 생생한 이야기를 날것 그대로 만나게 한다. 교회가 지녀야 할 예언적인 소명이 무엇인지 알려 줄 뿐 아니라 어떻게 하면 가장 인간다운 모습으로 예수의 발걸음을 따라 살 수 있을지 비전을 제시하는 책이다.

앨런 허쉬 | 「새로운 교회가 온다」(공저)의 저자

색다르고 도전적인 책이다. 예수를 믿노라 하면서 종교적 틀에 얽매여 있는 그리스도인들에게 날것 그대로의 예수님을 만나게 한다. 저자는 성육신 – 평판 – 대화 – 직면 – 변화라는 큰 틀 안에서, 예수 그리스도의 삶을 온전히 드러내는 선교적 삶, 선교적 교회, 선교적 공동체의 적용점을 손에 잡힐 듯 선명하게 제시한다. 형식적인 틀을 벗어던지고 원색 그대로의 복음, 껍데기 믿음이 아니라 진심과 진정성을 담은 복음으로 나아가게 한다. 성육신적 삶을 이토록 유쾌하고 실제적으로 담아내며, 사역의 현장에서 삶으로 살아내는 저자에게 경의를 표하고 싶다.

본질을 잃어버릴 때 기독교는 한낱 종교 행위에 불과하게 된다. 이제 다시 성경으로 돌아가 예수의 삶을 돌아보자. 그리고 예수께서 그러하셨던 것처럼 그들에게 다가가 그들의 필요를 보고 느끼고 직면하자. 세상 속에서 예수로 더불어 소통하고 동행하며, 그들이 우리의 모습을 통해 예수의 모습을 발견할 수 있도록 살아내는 공동체들이 넘쳐나길 꿈꾸어 본다.

그런 측면에서 이 책을 선교적 교회, 선교적 삶, 선교적 공동체의 실제적인 지침서로, 이 시대 목회자들과 성도들의 필독서로 추천하고 싶다.

이찬수 | 분당우리교회 담임목사

책을 읽은 뒤 반성과 감동이 쉬 가시지 않는다. 저자 휴 홀터는 내가 선교적 교회론을 연구하면서 주목해왔던 인물이다. 그의 전작들을 읽으면서, 거대담론의 호수에 고여 있던 선교적 교회운동을 현실적이고 유용하게 이끄는 탁월한 전략가로 생각했다. 그런데 이 책에서 사람에 대한 따뜻한 시선과 진심 어린 섬김을 바로 지금 실천하고자 몸부림치는 동역자를 만난 기분이다. 저자는 성육신의 마음과 삶이 어떻게 기독교 신앙의 중심인지를 맛깔난 이야기로 풀어간다. 그의 진솔한 경험담에 백배 공감하고, 익살스러운 표현에 깔깔 웃다가, 육신을 입으신 하나님을 보여주는 삶의 호소에 울컥하는 심정을 추슬러야 했다. 이 책을 다 읽으니 예수님 냄새가 물씬 풍기는 삶의 의지가 솟구쳐 올랐다. 이야말로 선교적 교회의 목표가 아니겠는가!

김선일 | 웨스트민스터신학대학원대학교 실천신학 교수

믿음뿐 아니라 실제 삶을 통해 다른 이들에게 선한 영향을 미치고 싶은가? 휴 홀터가 전하는 맛깔나는 이야기와 경이로운 도전에 귀 기울여 보라. 당신의 영혼에, 그리고 주변 사람들에게 놀라운 변화가 일어날 것이다.

민디 캘리과이어 | 소울 케어 대표, 윌로우크릭협회 강사 겸 컨설턴트

「믿음을 살다」에서 휴 홀터는 사람들을 하나님께로 인도하는 방법을 가르쳐 준다. 이 책을 통해 당신뿐 아니라 주변의 이웃들까지 변화되는 놀라운 은혜를 경험하게 될 것이다.

데이브 퍼거슨 | 커뮤니티 크리스천 교회 담임 목사, NewThing 네트워크 대표

예수님의 '성육신', 얼마나 신비로운가? 그런데 우리는 정작 교리로만 머리로만 이해하고 있지 않았는가? 저자는 우리가 예수님의 성육신을 살아가는 방법을 제시한다. 믿음이 연약한 우리가 죄에 물든 세상에서 성육신적인 삶을 살 수 있다니! 우리는 예수님을 따라 성육신적인 삶을 살아야 하며 교회는 예수께서 바라시던 성육신적인 공동체여야 한다. 성육신의 예수님은 하늘에서 세상으로 내려오셔서, 세상과 대화하고 함께하며 먹으며 같이 지내고 영향을 끼치는 모델을 제시하셨다. 저자는 일상적 삶 속에서 그 모델을 실천하는 삶에 대한 '생생한' 예를 제시한다. 본서를 통해 예수님의 삶을 사는 성육신적 신앙공동체의 '정직하게 하고, 죄를 고백하게 하고, 서로의 짐을 나눠지게 하고, 서로가 성장하도록 도전'하는 방식을 확인해 보라. 추상적이지도 난해하거나 복잡하지도 않으며, 유쾌하지만 실제적이고, 자유로운 듯 매우 실천적인 이 책을 역동적인 삶에 목말라 하는 모든 그리스도인들에게 강력 추천한다.

성기문 | 대신총회신학원 교수, 「키워드로 읽는 레위기」 저자

휴 홀터의 삶 자체다. 이 책에는 그의 수고와 땀이 고스란히 배어 있다. 그의 삶은 우리가 육체 안에서 하나님을 더욱 닮아가도록 강하게 도전한다.

칼 메디어리스 | 「예수에 대해 말하기」(*Speaking of Jesus*)의 저자

기독교는 몸의 종교다. 예수님이 몸을 입고 이 땅에 오셨고, 그 몸으로 십자가에서 못 박혀 죽으시고, 몸으로 부활하신 것을 믿는 것이 기독교다. 우리의 소망은 결코 죽어 몸은 사라지고 영혼만 천국 가서 영생하는 것이 아니다. 그리스도인의 개인적인 소망은 '몸의 부활'이며 몸을 포함한 전 인격이 누리는 하나님 차원의 삶으로서의 영생이다.

저자는 기독교신앙의 핵심인 성육신을 신학의 차원이 아니라 동네와 이웃, 일과 일터, 가정과 자녀 양육, 우정 관계라는 일상의 차원에서 구체화하는 것이 무엇인지를 보여준다. 무엇보다도 저자는 이 몸으로 살아내는 신앙으로의 변화는 성육신적인 공동체를 통해서만 현실화된다고 갈파한다.

저자는 미션얼(missional 하나님의 선교의 정신)을 성육신(incarnation)의 언어로 풀어낸다. 그런 점에서 이 책은 미션얼 삶(missional life)과 미션얼 공동체(missional community)를 위한 또 하나의 교과서가 될 수 있을 것이다.

지성근 | 목사, IVF 일상생활사역연구소 소장

휴 홀터는 교회가 현실 세계를 살아가는 실제 사람들에게 관심을 갖도록 강력히 촉구하고 있다. 이 책은 틀림없이 당신의 삶에 새로운 활기를 불어넣을 것이다.

뎁 허쉬 | 「야성 그대로」(Untamed)의 공동 저자

휴 홀터가 또 한 번 일냈다. 성육신적 삶으로 인도하는 최고의 안내서다.

휴 홀터는 의미 있고 실제적인 사안에 친숙해지도록 만드는 독특한 재능이 있다. 이 재능이 유감없이 발휘된 「믿음을 살다」는 모든 그리스도인들이 필히 읽어야 할 강력하고도 도전적인 책이다.

성육신의 실재에 대해 다시 생각하게 하는 책이다. 나는 이 책이 좋다. '선교적 교회'에 관한 논의를 교실에서 거리로 옮겨 놓았기 때문이다.

나는 이 책이 아주 좋다. 휴 홀터는 특유의 유머, 현실 밀착형 스타일, 삶에서 우러나오는 풍성한 이야깃거리를 가지고 성육신하신 예수께서 우리를 위해 무엇을 하셨는지, 우리가 어떻게 '예수를 닮은 인간'이 될 수 있는지를 보여 준다. 사람들과 예수를 연결하려는 저자의 열정은 전염성이 있다. 그리고 관계 중심적이고 비종교적인 저자의 삶의 방식이 매우 신선하게 다가온다.

내 친구 휴 홀터가 또 일을 저질렀다! 홀터는 종교적인 것들을 무너뜨리고 '지금 이곳의 삶'에 집중한다. 하늘에서 이루어진 것이 땅에서도 이루어지도록 말이다. '후기 기독교 시대'를 맞은 북아메리카의 교회는 무엇보다 예수의 성육신과 그분의 삶이 일상에 미치는 영향에 대해 이해해야 한다. 이 책에서 휴 홀터는 예수께서 육체를 입으신 이유를 신선한 방식으로 재해석했고, 매일 천국의 삶을 살아갈 수 있는 실제적인 아이디어를 제안했다.

브래드 브리스코 | 「선교의 핵심은 무엇인가」(*Missional Essentials*),
「선교적 교회를 추구하라」(*The Missional Quest*)의 저자

차례

여행 가이드

서문

●

　살다가 현실적인 문제에 마주쳤을 때 우리는 매번 신학이나 교리에서 답을 찾으려 한다. 뭔가 이상한 것 같지만 그게 우리의 현실이다. 삶은 하나님과의 관계다. 모든 것은 하나님과 떼려야 뗄 수가 없다. 그러므로 가장 중요한 건 '하나님에 대해 무엇을 믿느냐'이고, 더 나아가 '예수와 관련해 무엇을 확신하느냐'이다. 우리에게 예수가 우리의 죗값을 치르기 위해 이 땅에 등장한 역사적 인물에 불과하다면, 우리는 목에 십자가 목걸이를 걸고 우리를 위해 이루신 업적에 감사의 마음을 전하기 위해 가끔 교회에 나가면 된다. 이럴 때 이웃에 사는 사람들에 대한 우리의 마음에는 전혀 변화가 없다. 그런데 예수께서 사람들에게 진짜 인간이 되는 법을 가르치시기 위해 이 땅에 오셨다는 것을 깨닫게 되면, 우리는 전혀 다른 인간으로 거듭날 것이다.

　「믿음을 살다」는 이 땅에 오신 예수를 재조명함으로써 예수가 누구인지, 그리고 어떻게 우리가 예수를 닮을 수 있는지 알려 준다. 휴 홀터가 책에서 말하듯이, 예수는 단지 죄를 사하시려는 목적만 가지고 있었던 건 아니다. 그분은 우리에게 가장 인간답게 살아가는 방법을 전수하기 위해 이 땅에 오셨다.

저자인 휴에 대해서 잠깐 얘기해 보자. 그는 내 친구다. 남편과 휴는 함께 할리(Harley)오토바이를 즐겨 타는 단짝 친구다. 우리 첫째 아들이 고성능 공기총으로 휴의 등을 맞춰 땅바닥에 쓰러뜨린 적도 있다. 우리는 함께 와인 수백 잔을 마셨고(물론 한 번에 다 마신 건 아니다), 부부 동반으로 이탈리아 유람선 여행을 떠나기도 했다. **휴는 자기가 살아가는 모습을 통해 예수의 삶이 얼마나 멋지고 아름다운지 나를 포함한 많은 사람에게 보여 주었다.**

이 책은 다른 책에서 말하지 않는 것들을 제시한다. 예를 들면, 당신은 현실 세계 속에서 좀 더 분투하겠다고 다짐할 필요가 있다. 경건하게 보이려고 애쓰기보다 예수를 따라 좀 더 인간다워지려고 노력하라. 밥벌이하는 것이나 가족을 보살피는 것이 로마서를 공부하는 것보다 영적으로 더 중요하다. 모든 가정은 '펍'이 될 수 있다(휴는 펍에 대해 나름의 큰 생각이 있다. 이 책을 읽다 보면 무슨 말인지 이해할 수 있다).

휴는 신학의 행간을 읽어 내면서 옆집에 사는 진짜 인간, 진짜 하나님을 볼 수 있도록 돕는다. 그의 안내를 따라가다 보면 삶의 새로운 방식, 사랑받는 새로운 방식을 발견하게 된다. 휴가 말하는 이야기는 어떻게 하면 좀 더 의로워지는지, 무엇을 해야 하나님이 기뻐하시는지, 무엇이 바른 생활인지에 관한 것이 아니다. 하나님은 우리에게 모범생이 되라고 하시지 않는다. '진짜'가 되라고 말씀하신다. 갈급한 우리에게 예수가 정말 좋은 소식이 되고 있는지 의심스럽다. 혹시 예수께서 우리의 규율과 제도, 은혜에 대한 집착 때문에 어딘가로 납치당하신 건 아닐까?

내가 모든 그리스도인의 손에 쥐여 줄 한 권의 책을 선택해야 한다면, 그리스도인과 기독교에 대한 기존의 패러다임을 완전히 바꾸어 줄 「믿음을 살다」를 선택할 것이다. 이 책은 모든 것을 바꿀 수 있다. 무엇보다도 이 책을 손에 쥐고 있는 바로 당신을 바꿀 수 있다. 이 땅에 내려와 우리를 구원하고 영원한 자유를 주신 '육체를 입은 하나님'을 꼭 만나시길 진심으로 바란다.

젠 해트메이커_ TV 방송 진행자, 저자, 강연가.

"말씀이 육신이 되어 우리 가운데 거하시매"(요 1:14)

내가 여기서... 우리 딸내미와... 이러고 있을 줄은 꿈에도 생각하지 못했다.

현재 시각 오전 11시, 나는 션(Sean)이 운영하는 문신 시술소(Tattoo Parlor) 휴게실에 앉아 있다. 분위기는 나름 고급스럽지만, 어쨌거나 여긴 문신을 새기는 곳이다. 가족과 이런 곳에 와 본 적이 한 번도 없다. 하지만 오늘은 여느 때와 다르다. 지금 나는 생애 처음으로 몸에 문신을 새기는 우리 딸 매케나(McKenna)의 보호자로 와 있다. 딸이 문신을 하고 싶다는 말을 듣고 아빠로서 당혹감을 감출 수 없었지만, 그래도 딸의 결정이니 존중하기로 마음먹었다. 사실 나도 예전에 작은 문신을 새겼다. 오른쪽 어깨에 보면 이사야서 61장에 나오는 성경 구절이 켈트 십자가를 빙 두르고 있다.

선이 매케나에게 문신 시술 중이다. 딸이 문신을 더 많이 하고 싶어 할까 봐 걱정스러운 마음에 선에게 이렇게 물었다.

"그나저나 사람들은 왜 그렇게 몸에다가 문신을 많이 새기는지 모르겠어요. 전 세계적으로 문신하는 사람들이 기하급수로 늘어나는 이유가 뭘까요?"

선이 문신 바늘의 진동을 멈추더니 나를 올려다보며 말했다.

"문신이라는 건 누구도 훔쳐가거나 없애거나 망가뜨릴 수 없는 사람의 피부에 새기기 때문이겠죠. 이보다 영구적인 것도 없으니까요. 문신은 한 번 새기면 바꿀 수 없는, 그 사람만이 가지는 고유한 것이 되거든요. 그 사람에게 의미 있는 이야기를 담고 있기도 하고요. 사람들이 이곳에 와서 피부에 의미 있는 문신을 새겨 달라고 한다는 건 제게도 의미 있는 일이지만, 본인에게는 훨씬 더 의미 있는 일일 거예요. 피부는 중요하니까요."

선이 방금 한 말 속에는 그가 알고 있는 것보다 더 많은 진실이 담겨 있다. 피부가 그 모습 그대로 남아 있다는 건 무엇을 의미하는가. 피부에 흉터가 한번 생기면 죽을 때까지 남는다. 피부가 착색되는 것도 마찬가지다. 피부는 타인에게 나를 드러내 보이는 부분이다. 타인이 나를 볼 때 가장 처음 눈에 들어오는 게 바로 피부다. 피부가 움직이거나 주름이 잡히거나 팽팽해지거나 축 처지는 게 눈으로 확인된다. 또, 피부는 수백 가지의 감정과 느낌, 생각을 표현한다. 사람은 피부를 숨길 수 없다. 신경

말단 대부분이 피부에 존재하고 있어, 나를 보는 사람은 내 살 갖에서 일어나는 일을 분명히 알 수 있다. 우리는 피부를 통해 세계를 감지한다. 피부는 나의 감정이 바깥으로 나오는 통로다. 또한, 몸에서 가장 취약한 부분이고, 사람을 재단하고, 오용하고, 예속시키고, 고정관념을 갖게 하는 근거가 될 때도 있다. 피부는 중요하다!

따라서 피부를 갖는다는 것은 인간이 된다는 것이고, 이는 육체(flesh)가 신학적으로, 우주론적으로, 그리고 실제로 우리 신앙의 가장 중요한 본질이 되는 이유이기도 하다.

영이신 하나님은 의도적으로 우리에게 육체를 허락하셨다.

이것이 육체를 입는다는 뜻을 지닌 '성육신(incarnation)'이다.

우리가 알아야 할 교리, 성육신

몇 주 전, 이 주제에 관심이 생겨 깊이 살펴볼 요량으로 신학대학에 다닐 때 보던 책과 논문들을 다시 꺼냈다. 책더미 사이에서 검은 표지의 커다란 공책이 나왔는데, 공책에는 예정설, 선택설, 종말론 등 '교리'에 관해 내가 생각했던 바를 적어 놓은 글이 있었다. 나는 학교에서 이런 교리들이 신앙의 핵심이라고 배웠다. 그래서 교리의 개념들과 이를 뒷받침하는 성경 구절들을 열심히 익혀야 했다. 내 기억으로는 그때 이런 생각을 했었다. '정말 이 교리들이 중요할까? 애써 지키고, 교회에 유산으로 물

려주고, 교파를 나눠 상대방을 헐뜯어야 할 정도인가?'

25년이 지난 지금, 교리의 일치를 보지 못해 교파가 여러 개로 갈라지거나 새로 생기면서 그 수만도 100여 개에 이른다. 물론 교리도 중요하다. 하지만 교리가 신앙의 핵심은 아니다. 예수를 아는 데 도움을 줄 순 있지만, 오히려 방해될 때도 있다. **예수 자체가 핵심이다.** 예수가 바로 우리가 진짜로 찾고 있는 분이다.

사람들은 교리를 찾지 않는다. 육체를 입은 하나님을 바라고 있다. 머리로 알 수 있고, 함께 대화도 나누고, 그에게 무언가 배우기도 하고, 아옹다옹하기도 하고, 진실한 마음으로 사귀고, 명확한 답을 듣고, 삶을 함께 나눌 수 있는 그런 하나님 말이다. 내 친한 친구 중에는 교회에 안 나가는 사람, 명목상의 가톨릭교도, 개신교도, 불교도, 이슬람교도들이 있다. 만약 신학 교리가 하나님은 누구인지, 무엇을 좋아하고, 사람에 대해 어떤 생각을 하시는지에 관해 말해 주지 못하면, 또한 인간은 어떤 존재이고, 어떤 삶을 살아야 할지 제대로 대답해 주지 못한다면, 이 친구들은 신학 교리를 아예 쳐다보지도 않을 것이다. 사람들이 원하는 건 육체를 입고 오신 하나님이다!

이런 까닭에 나는 이 책을 쓰게 되었다. 우리는 하나님의 성육신이 무엇인지 알아야 한다. 이 '교리'가 삶의 중심이 되어야 한다. 왜냐하면, 이 교리만이 하나님이 어떤 분인지 정확하게 말해 줄 수 있을 뿐 아니라 앞으로 우리가 얼마나 대단한 인생을 살게 되는지 보여 주기 때문이다. 예수의 성육신을 제대로 이해하면 기독교에 대한 왜곡된 개념들을 명확하게 알 수 있다. 심지어 인간의 모습으로 오신 예수께서 제도화된 교회를 별로 좋아하지 않는다는 사실과 예수를 따르는 삶에 성유물(聖遺物)이 전혀 필요하지 않다는 사실도 알게 될 것이다. 성육신이 무엇인지 알게 되면 자녀를 어떻게 양육하고, 배우자를 어떻게 사랑하고, 살면서 무엇에 초점을 두어야 하는지, 또 한눈팔지 않고 하나님만 따라 살아가려면 어떻게 해야 하는지 배울 수 있다. 성육신은 기독교 신앙이 추구하는 모든 것을 담고 있다. 예수를 따르는 사람들이 모두 '성육신을 깨닫는다면', 그리스도인, 기독교, 교회에 대해 부정적인 고정관념을 갖고 있던 사람들도 생각을 바꾸는 계기가 될 것이다. 예수의 성육신은 인간이 어떻게 완전에 이르는지 알 수 있게 도와준다. 이 새로운 '육체적인' 신앙은 당신이 동료들을 판단하지 않는 사람이 되게 해 줄 것이다. 그리고 이곳 현실에서 하나님 나라의 삶을 살 수 있도록 인도할 것이다. 이 '교리'에 대해 한번 배워 볼 만하지 않은가!

오른쪽 사진은 내 왼쪽 팔뚝에 있는 문신이다. 요르단 강 서안 지구 팔레스타인 자치 지역인 베들레헴(West Bank Palestinian Bethlehem)을 걷다가 우연히 이 그림을 보았다. 알다시피 베들레헴은 성탄절 찬송가에 자주 등장하는 동네다. 고요하고 거룩한 밤에 아기 예수가 말구유에 누워 있고, 그 주변에 양과 소들이 평화롭게 풀을 먹고 동방박사가 찾아와 엎드려 절하는 장면이

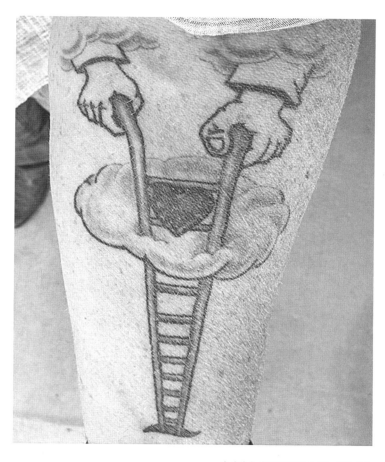

이 사진은 내 왼쪽 팔뚝에 있는 문신이다.
사다리는 성육신을 상징한다.
여러분이 사는 세상에도 다시 예수의 사다리가
내려가길 소망한다.

떠오른다. 하지만 현재 베들레헴에는 종교 분쟁이 얼마나 흉한 지 보여 주기라도 하듯 거대한 시멘트 장벽이 도시를 가로지르고 있다. 나는 분열의 고통을 겪는 현장을 지켜보다가 이 그림을 발견하고는 깊은 영감을 받게 되었다. 마치 하나님께서 본인이 만든 이 베들레헴에 다시 돌아오고 싶어 하시는 것 같았다. 사다리는 성육신을 상징한다. 바라건대, 여러분이 사는 세상에도 다시 예수의 사다리가 내려가길 소망한다.

"또 이르시되 진실로 진실로 너희에게 이르노니 하늘이 열리고 하나님의 사자들이 인자 위에 오르락내리락 하는 것을 보리라 하시니라"(요 1:51).

"예수는 직접 여러분의 삶을 살아내심으로써 여러분이 어떻게 살아야 할지 가르치신다."[1] 달라스 윌라드(Dallas Willard)의 이 말이 나의 세계관을 바꾸어 놓았다. 이 얼마나 은혜로운 기회이자 놀라운 가능성인가! 이 책을 읽다 보면 틀림없이 당신에게 주어진 기회를 발견하게 될 것이다.

"내가 그리스도와 함께 십자가에 못 박혔나니 그런즉 이제는 내가 사는 것이 아니요 오직 내 안에 그리스도께서 사시는 것이라 이제 내가 육체(flesh) 가운데 사는 것은 나를 사랑하사 나를 위하여 자기 자신을 버리신 하나님의 아들을 믿는 믿음 안에서 사는 것이라"(갈 2:20).

예수의 성육신을 이해하면 놀라운 가능성이 보인다. 우선 예수께서 여러분의 삶을 살고, 그다음 여러분이 예수의 삶을 살 수 있다. 흠이 없이 완벽하게 산다는 것이 아니라 우리 자신이 이 땅에 왜 존재하는지 더 큰 비전을 보게 된다는 말이다.

이 책을 읽는 방법

나는 하나님이 우리에게 오신 순서에 맞춰 이 책을 썼다. 예수께서 알고 있는 바를 알고 그분이 살았던 대로 사는 게 예수의 제자가 되는 것이라면, 우리는 마땅히 예수의 보조를 따라야 한다. 아래 나오는 그림은 이 책의 가이드다.

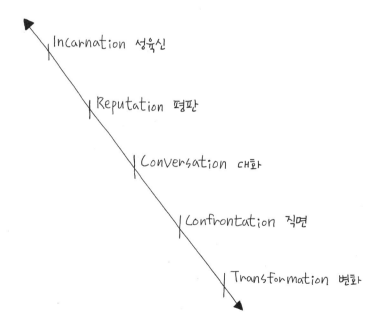

예수께서 어떻게 인간의 삶으로 들어오시는지 흐름, 시간, 순서, 과정을 보여 준다. 요컨대, 성육신(incarnation)은 좋은 평판(reputation)으로 이어지고, 평판은 대화(conversation)로 이어진다. 대화는 다시 자연스럽게 직면(confrontation)으로, 그다음은 변화(transformation)로 나아간다.

다섯 개의 섹션마다 어떤 이야기를 하게 될지 앞부분에 짤막하게 설명해 놓았다. 그리고 각 장 말미에는 개인이 혼자 적용해 보거나 그룹에서 함께 나눌 수 있는 질문을 제시해 놓았다. 이 책을 많은 이들과 함께 읽고 나눈다면 그만큼 많은 경험을 하게 되리라 믿는다.

생각

당신은 교회 안에서 신앙생활을 하면서 성육신에 관한 신약성경의 교리를 배운 적이 있는가? 그렇지 않다면, 무엇을 가장 중요하게 여기며 신앙생활을 해 왔는가?

_____

_____

 느낌

당신은 제도화된 종교나 교회 관습에 염증을 느낀 적이 있는가? 인간이 되신 하나님을 생각할 때 그분에 대해 어떤 감정을 느끼게 되는가?

_____

_____

![실행] **실행**

전혀 새로운 이야기를 접하듯 이 책을 읽으라. 새로운 마음가짐을 가질 수 있도록 새 성경책을 사도 좋다. 그리고 몇몇 친구에게 메일을 보내 책을 함께 읽고 나눌 생각이 있는지 확인해 보라.

_____

_____

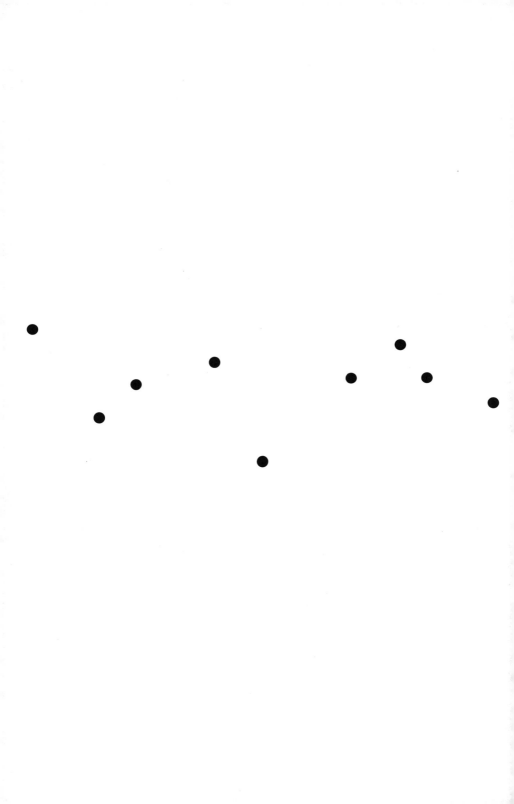

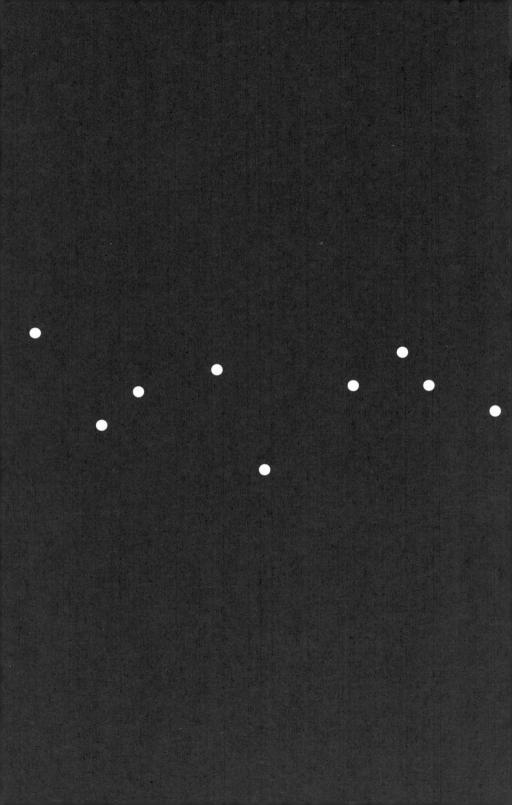

PART I

성육신
Incarnation

하루가 너무 길었다. 택시의 머리 받침대가 담배 냄새에 찌들어 있어 머리를 기댈 수 없었다. 시카고행 비행기가 늦게 도착하는 바람에 약속 시간에 늦지 않으려고 서둘렀다. 약속 장소에 도착하자마자 나는 택시에서 급히 뛰어내렸다. 이뿔싸, 주소를 확인해 보니 숫자 하나를 깜빡했지 뭔가. 택시는 이미 떠나고 없었다. 약속 장소는 3km나 떨어진 곳에 있었다. 이런. 그 동네는 어찌 된 일인지 택시도 잘 다니지 않았다. 그냥 여행 가방을 끌고 약속 장소까지 걸어가기로 했다. 30분 정도 걸리는 거리였는데, 리글리 필드(Wrigley Field)라는 야구장 근처의 번잡한 거리를 지나야 했다.

길을 가는데 갑자기 사람들이 오더니 먹을 것과 돈, 술 따위를 구걸했다. 어떤 여자는 '사랑'이 고프지 않냐고 물어왔다. 나는 괜찮다고 말하고는 재빨리 지나쳤다. 저 앞에서 게이 둘이 벌 건 대낮에 낯 뜨거운 장면을 연출하고 있었다. 두 사람이 통행로를 막고 있었지만 나는 절묘하게 빠져나왔다. 그 순간 아이들을 가득 태운 통학버스가 바로 내 옆을 지나갔고 그 바람에 나는 길가에 납작 붙어 있어야 했다. 버스는 끼익 소리를 내며 멈췄고 아이들이 하나둘 차에서 내렸다. 아이들 중 몇 명은 인파를 뚫고 곧장 건너편 맥도날드로 뛰어갔다. 나머지 아이들은 길을 건너서 정부 임대 주택 단지로 들어갔다.

마침내 약속 장소에 도착했다. 날 맞이한 사람들이 건물 위층으로 안내했고, 나는 우리나라에서 최고의 교계 지도자로 손꼽히는 사람들과 이야기를 나눴다. 이틀 내내 그들은 자기네 교회는 어떻게 건축했고, 성도 수는 얼마나 늘렸으며, 리더들은 어떻게 키워 냈는지 이런 얘기들만 했다. 이 사람들이 일부러 그런 건 아니었겠지만, '진짜 사람들'에 대한 이야기는 거의 나오지 않았다. 그건 마치 보잉 747 제트기의 좁디좁은 유리창을 통해 바깥을 보는 기분이었고, 전혀 다른 방향을 날아가 버리는 비행기의 뒤꽁무니를 쳐다보는 느낌이었다. 교회라는 곳에서 우리는 예수와 사람을 모두 놓치고 있는 건 아닌지 염려스러웠다.

공항으로 돌아가기 위해 택시를 잡았다. 이번에는 머리 받침대에 신경 쓸 겨를이 없었다. 피곤해서 졸음이 쏟아졌다. 그런데 라디오에서 제이슨 므라즈(Jason Mraz)의 노래가 흘러나오자 잠을 잘 수가 없었다. 멋진 그루브와 다이내믹한 리프 때문에 노래에 점점 빠져들었다. 가사는 한 남자가 한 여자를 포기하지 않고 사랑하겠다는 내용이었다. 창밖으로 상처 입고 외로워하는 사람들을 보자 그 노래가 마치 우리를 향한 하나님의 마음처럼 느껴졌다. 노래 제목은 〈난 포기하지 않을 거예요(I Won't Give Up)〉였다.

"잠시만 라디오 볼륨 좀 높여 주실 수 있나요?"

"네, 물론이죠."라고 택시 기사가 대답했고, 나는 머리를 뒤로 기댄 채 눈을 감고 가사를 음미했다.

"난 우리 사이를 포기하지 않을 거예요, 하늘이 무너져 내려도 내 모든 사랑 그대에게 드릴 거예요. 난 여전히 그댈 보고 있죠. …… 난 포기하지 않을 거예요."[1]

　노래는 내 왼쪽 귀 뒤에 있는 스피커에서 지지직거리는 소리와 함께 흘러나왔다. 어느새 나는 눈가에 흘러내린 눈물을 닦고 있었다. 하나님의 마음을 생각하니 눈물이 앞을 가렸다. 거룩한 낙원을 만들어 놓았는데 지독한 인간들이 시궁창으로 만들어버렸다. 그런데 하나님은 다시 그곳을 찾아오셨다. 왜 찾아오셨을까? 바로 사람들 때문이다. 사람들이 문제다. 바로 당신이 문제다. 하나님이 이 땅에 육체를 입고 오신 이유는, 아니 사랑하는 아들에게 육체를 입혀 이 땅에 보내신 이유는 우리 때문이다. 나 때문이고, 당신 때문이다.

　이번에 나올 내용은 모두 성육신에 관한 것이다. 성육신이 무엇이고 왜 일어났는지, 왜 우리가 성육신에 대해 알아야 하는지 살펴볼 것이다. 책을 읽을 때 개념들을 억지로 이해하려고 애쓰거나 책 내용을 너무 오랫동안 붙잡고 있을 필요는 없다. 가끔 책을 덮고 읽기를 멈춰도 된다. 그 자리에 가만히 앉아 묵상하고, 기도하고, 질문이 생기면 종이에 적어 보라. 편하게 휴식을 취해도 좋다. 책은 여러분을 기다릴 수 있다. 내일이 오면 당신은 잠자리에서 일어나 다시 세상의 수많은 인파 속으로 들어갈 것이다. 바라건대, 세상과는 다른 방식으로 다른 소망을 품고 세상으로 들어갔으면 좋겠다.

1

하나님의
노스탤지어

●

하나님은 세상을
원래대로 되돌려 놓으려고
오셨다

예수의 성육신을 제대로 이해하려면 하나님이
성육신을 하신 이유를 알아야 한다. 하나님은 왜 이 땅에 오셨을
까? 하나님은 왜 사서 고생을 하셨을까? 인간들을 그냥 내버려
두시지 왜 그들을 잊지 못하고 다시 시작하고자 하셨을까? 왜
자기 아들을 보낼 뿐 아니라 죽게 하셨을까? 우리가 교회에서
배웠듯이, 완전하고 거룩하신 하나님은 '죄'가 최후의 승자가 되
는 걸 허락하지 않으신다. 하나님은 본성 자체가 완전한 사랑이
고 완전한 의로움이기에 인간의 죄를 제거하고 다시 관계를 회
복할 방법이 필요했다. 죄에 대한 보상, 즉 '속죄(atonement)'는 죄
가 없는 이가 죄를 지은 이를 대신해 죗값을 치르는 것을 말한
다. 방법은 딱 한 가지, 죄 없는 하나님의 아들이 죄 많은 우리를

대신해 죽는 것이었다.

이 '방정식'은 적어도 하나님이 왜 이 땅에 오셔서 죽어야 했는지를 알려 준다. 하지만 성육신은 이 방정식만 가지고서 설명할 수 없다. 성육신은 감정의 문제다. 하나님은 우리에게 돌아오고 싶으셨다. 성육신은 바로 하나님이 원하는 방식이었다.

'노스탤지어(Nostalgia)'는 고향을 그리워하는 마음이나 시름을 뜻한다. 향수병과 같은 감정이다.

내 사무실에는 사진 몇 장이 걸려 있다. 하나는 우리 딸 알리(Alli)가 나온 사진이다. 옐로스톤 강(Yellowstone River)에서 알리와 나는 다정한 모습으로 사진을 찍었다. 둘이서 강 낚시를 즐기고 있었는데, 저 멀리 눈 덮인 산이 강물에 비쳐 이룬 장관은 지금도 잊지 못한다. 딸아이가 열 살 때였다. 그 옆에 있는 사진은 내가 사냥을 시작한 지 8년 만에 처음으로 잡은 엘크(elk, 말코손바닥사슴)를 찍은 것이다. 정말 완벽한 사냥이었다. 그랜드 메사(Grand Mesa)의 깊고 어두운 숲 사이로 엘크 떼가 밀려오자, 나는 참나무 뒤로 몸을 숨겼다. 엘크 떼는 내 왼쪽 어깨 옆을 우르르 지나갔다. 심지어 몇 마리는 팔에 살짝 스치기도 했다. 제일 마지막으로 뒤따라가던 엘크가 사람 냄새를 맡고는 제자리에서 멈췄다. 그러다 다시 무리 뒤를 따라갔다. 그 순간 나는 몸을 돌려 12인치짜리 엽총을 엘크를 향해 쏘았다. 사격을 멈추고 몸을 바짝 엎드렸고 그렇게 30분 동안 조용히 기다렸다. 그때 이런 생각을 했다. '난 정말 하나님이 만든 멋진 놈이야!' 그 옆에 있는 사진

속에는 두 딸아이가 강에서 놀고 있는 모습이 보인다. 강가에는 우리 가족이 휴가 때 놀러 가는 통나무집이 있는데, 가족이 가장 좋아했던 곳이다. 사진만 봐도 즐거운 기억들이 새록새록 떠오른다. 정말 세상에 둘도 없는 여행이었다.

우리에게는 모두 고향으로 돌아가고 싶은 향수가 있다. 어떤 사람은 구식 자동차를 보고서 아버지에 대한 기억을 떠올린다. 크리스마스 장신구를 보고 어머니와의 추억에 잠기는 사람도 있다. 오래된 총이나 한 장의 사진을 보고서 향수에 젖기도 한다. 동기야 어떻든 우리는 모두 한 번쯤 옛날로 돌아가고픈 마음이 생길 때가 있다. 바로 노스탤지어가 성육신의 이유이다.

하나님은 딱딱한 로봇이 아니다. 회계 법인에서 일하는 냉정한 관리자도 아니다. 하나님은 감수성이 풍부하신 분이라 예전의 추억들을 사무치게 그리워한다. 그래서 성육신은 방정식이 아니라 고향에 대한 추억과 그곳으로 돌아가고픈 그리움과 관련 있다. 다음은 창세기의 창조 이야기를 재구성해 놓은 것이다. 읽어 보면 하나님의 감정을 이해하는 데 도움이 될 것이다.

> 가장 처음에는 하나님만 계셨다. 빛도 없고, 시간도 없고, 물질도 없었다. 그런데 하나님께서 말씀하시니, 오 이럴 수가! 무언가가 생겨났다! 혼돈 가운데 질서가 생겼다. 아직 형태나 모양, 기능은 없었다. 그저 모든 게 흑암이었다. 그 위를 하나님의 영이 운행하시며 활동할 채비를 하셨다.

첫째 날. 하나님이 외치셨다. "빛이 생겨라!" 그러자 갑자기 빛이 공중에 가득했다. '밤'이 오자 어둠이 드리워졌다. 하나님은 엄지를 척 들어 올리며 빛을 '낮'이라 부르셨다.

둘째 날. 하나님이 말씀하셨다. "큰 지붕이 하나 있으면 좋겠다. 그걸 '하늘'이라 부르겠다. 그리고 하늘 위와 아래로 물이 나누어져라." 말씀대로 이루어졌다.

셋째 날. 하나님이 말씀하셨다. "물이 너무 많구나! 걸어 다닐 넓은 공간도 필요하지. 그걸 '땅'이라 부르겠다. 물은 한곳에 모여 '바다'를 이루어라." 하나님은 입가에 미소를 지으며 말씀하셨다. "이제 뭔가 틀이 잡히는 것 같구나. 근데 땅이 너무 텅비어 있네! 알록달록 다채로운 색깔이 들어가면 좋을 텐데! 초목들아, 수만 가지 색으로 땅 위를 수놓아라!" 그러자 땅 위에 온갖 나무와 덤불, 과일과 꽃과 버섯들이 열광적으로 피어났다. 하나님께서 "식물들아, 성장하고 번성하라."라고 말씀하시니 모든 식물에 씨가 맺혔다. "그렇지, 바로 이거야!"

넷째 날. "시간을 구분하면 좋겠다. 낮을 위해 '해'를 만들고 밤을 위해 '달'을 만들자. 또 '계절'과 '해(年)'도 필요하다. 하늘에 무수히 많은 '별들'도 만들어 놓자. 숫자를 하나 생각해라. 거

기다가 1조(兆)를 더하고 그 숫자에다 지구 위의 나무 숫자만
큼 곱하면, 별의 개수가 될 것이다!

다섯째 날. "자, 이번에는 아메바, 갑각류, 곤충류, 어류, 양서
류, 파충류, 조류, 포유류 등 온갖 동물들이 생겨나라. 수백만
가지의 동물들이 이 땅에 가득하면 좋겠구나. 저마다 모양과
크기, 색깔과 무늬가 다양하면 얼마나 재밌겠는가!" 하나님이
동물들에게 말씀하셨다. "너희도 이 땅에서 번성하라!" 하나
님은 하늘 보좌에 편히 기대앉아 웃음을 지으셨다.
"정말 짱이군!"

여섯째 날. 하나님이 말씀하셨다. "우리 모습을 닮은 사람을
만들되, 살과 피, 피부와 뼈를 가진 인간으로 만들자. 그리고
사람에게 식물과 동물을 관리하게 하자." 그렇게 하나님은 자
신을 닮은 사람을 만드셨는데, 물질적인 형체를 지닌 인간이
되었다. 그리고 남자와 여자로 만드셨다. 하나님은 웃음을 가
득 머금은 채 그들에게 할 일을 말씀해 주셨다. "자녀를 낳아
라! 그리고 대대손손 번성하여 땅을 가득 채워라. 식물과 동물
에게서 충분히 양식을 얻어라." 하나님은 자신이 창조한 모든
것을 바라보며 흐뭇해하셨다. "기가 막히는구나. 정말 마음에
든다!"

일곱째 날. 하나님은 일을 마치셨다. 온 우주와 지구가 완성되었다. 이제 휴식을 즐길 만한 자격이 충분했다. 하나님께서 말씀하셨다. "일주일 중 이날을 특별하게 지켜라. 오늘은 배터리를 충전하는 날, 바로 안식일이다."[1]

내가 글을 색다르게 바꾸는 걸 즐기는 편은 아니지만, 우리는 항상 창조 이야기를 교과서처럼 딱딱하게 읽어 왔다. 내가 앞에서 소개한 글을 좋아하는 이유는 하나님께서 창조하신 모든 것, 특히 사람에 대해 느낀 감정을 생생하게 포착해냈기 때문이다. 하나님은 창조하신 모든 만물을 사랑하셨다. 그분은 우리를 사랑하셨다. 무엇보다 그 상태 그대로를 좋아하셨다. 인생은 완벽하게 흘러갔다. 우리는 완벽한 관계를 맺었고, 완벽한 목적을 갖고 살았다. 모든 걸 완벽하게 받았다. 악한 것으로부터는 철저하게 보호받았다. 처음 모습 그대로를 유지하는 한 무엇을 선택하든 완벽했다.

그때 하나님께서 에덴 중앙에 나무 한 그루를 심어 놓으셨다. 아담과 하와에게 완벽한 삶을 허락하신 뒤, 이 나무에서 열리는 열매를 절대 따 먹지 말라고 이르셨다. 하지만 아담과 하와는 열매를 따 먹고 말았다! 엘크 떼가 숲 속을 무섭게 돌진하듯, 거짓과 수치, 죄책감과 고통이 세상 속으로 침투해 들어왔다. 사람들의 꿈이 사라지고 관계가 깨지며 급격히 타락하기 시작했다. 세상에 죄가 들어온 것이다!

하나님께서 불의의 습격을 받으신 걸까? 성육신은 하나님이 어쩔 수 없이 수행해야 했던 플랜B란 말인가? 그렇지 않다. 하나님은 완전한 사랑을 하려면 서로의 자유의지가 필요하다는 사실을 알고 계셨다. 또 우리가 선악과를 선택할 수 있다는 것도 아셨다. 예전 복음성가 가사처럼 성육신은 '우연한 사건이나 차선책이 아니었다. 우릴 구원하기 위한 주님의 계획이었다.'[2] 하나님은 완벽한 세상을 창조하실 때도 훗날 이 세상을 잃게 될 것과, 고향을 떠난 우리를 데려오기 위해 그만큼 값을 치러야 한다는 사실도 알고 계셨다. 하나님은 고향을 그리워하신다. 다시 그때로 돌아가고 싶어 하신다! 하나님의 기억 속에는 사람과 동물이 풍요롭고 완전한 낙원에서 한데 어우러져 지낸 그때 그 시절의 풍경과 냄새, 소리가 아직도 생생하다. 이 간절한 그리움이 바로 아들을 세상에 보내신 이유다. 하나님은 그때 그 시절로 돌아가고 싶으셨다.

대가 지급

하나님이 창조 세계, 특히 우리 인간들을 원래대로 되돌려 놓길 얼마나 간절히 바라시는지 살펴보자. 우선, 신학 용어 하나를 알아 둬야 하는데, 바로 '대속(redemption)'이라는 단어다.

'대속' 하면 뭔가 대단한 단어 같지만, 그냥 '대가를 치르다(to buy back)'라는 뜻이다.

믿음을 살다

하나님의 노스탤지어는 세상을 원래 모습 그대로 바꾸어 놓고 싶을 만큼 절실한 감정이다. '대속'은 하나님이 고향으로 돌아가기 위해 개척해 놓은 길이다.

많은 사람이 죄와 관련해 이런 질문을 한다. 왜 하나님은 사람들을 모두 용서하고 새롭게 시작하지 않을까? 하나님이 모든 걸 용서할 수 있다면 왜 굳이 아들을 죽게 놔두실까? 사실 답은 간단하다. 하나님이 죄를 바로잡지 않고 죄를 용서하기만 한다면 낙원은 파괴된 상태로 남아 있을 것이다. 삶은 계속해서 고통스럽고 결핍되고 엉망진창일 게 뻔하다. 사람들은 자신을 스스로 바로잡을 줄 모르기에, 영화 〈매드 맥스〉(Mad Max, 암울한 미래 세계를 그린 조지 밀러 감독의 시리즈 영화 – 역자 주)처럼 세상은 처절한 고통을 겪게 될 것이다. 예수의 삶과 죽음, 부활은 우리를 원래 모습으로 되돌리고 싶어 하는 하나님의 마음을 보여 준다. 그뿐만 아니라 그분에게 죄와 불완전성을 극복할 능력이 있다는 사실과 최초에 설계했던 세상이 재건될 수 있다는 가능성도 보여 준다.

성육신이라는 교리를 단지 교리로만 보지 말자. 성육신은 그야말로 하나님의 열정이 담긴 한 편의 서사시다. 하나님은 모든 게 원상태로 돌아가길 간절히 바라신다. 그래서 죄의 악순환을 끊고 모든 걸 새롭게 바꿔 나가려고 아들 예수를 이 땅에 보내셨다! 여기서 좀 더 곰곰이 생각해 봐야 할 것이 있다. 바로 성육신의 이유다. 예수께서 왜 오셨는지 생각하지 않으면, 당신을 향한 하나님의 열정, 즉 이웃을 위해 성육신적 삶을 살도록 인도하시는 하나님의 계획을 놓치고 지나갈지도 모른다.

대가 지급을 거부하다

운이 좋게도 나는 아이를 입양해 키우는 사람들을 많이 알게 되었다. 입양이라는 말은 문자적으로, 부모 없는 아이들을 값을 치르고 자녀로 삼는 것이다. 보통 마음만 먹으면 쉽게 입양할 수 있을 거라 생각하지만, 생각보다 입양 절차가 복잡하고 추가 수수료도 비싸다. 또 아이가 새 가족에게 마음을 열고 적응하기까지 여러 가지 복합적인 과정이 필요하다. 그런 후에도 상황이 안 좋아지는 경우도 있다. 아이들이 입양이라는 '대속(redemption)'을 경험하는 과정에서, 자기에게 새로운 삶을 제공하려 애쓰는 사랑하는 부모에게 분노하며 대들기도 한다. 아이들은 새로운 언어를 배워야 한다. 그런데 자신이 다시 버려지지 않을 거라는 사실을 믿지 못하고, 심지어 매일 자기 목숨을 부지하기 위해 먹을 것을 뒤지는 바람에 다른 형제자매들과 싸움이 일어나기도 한다. 한 친한 친구는 이렇게 말했다.

"입양한 우리 아들이 자기가 입양된 사실을 믿지 못해서 가족을 이렇게 힘들게 할 줄은 생각지도 못했어."

세상 사람들이 예수를 보내신 하나님의 사랑과 계획을 전해 듣고는 구름떼처럼 몰려올 것으로 생각하는가. 어떤 종교도 인간의 마음을 얻기 위해 애쓰는 신을 소개하지 않는다. 그런 종교는 절대로 없다. 다른 종교의 신들은 높은 곳에 앉아 인간들을 심판하거나, 인간들이 제멋대로 살도록 내버려 두고 스스로 망할 때까지 기다린다. 그러나 예수를 믿는다는 게 그리 간단한 일은 아니다. 그것은 하나님이 우리와 같은 인간이 되어, 우리에게 오셔서 우리처럼 살았다는 것을 믿는 것이다. 그러나 꽤 많은 사람이 이런 신앙을 거부한다. 심지어 이들 중 대다수는 예수가 완전한 인간이었다는 역사적 사실조차 믿지 않는다. 우리는 예수가 구원자라는 사실을 믿는 것에 만족한다. 하지만 우리 중에도 그분이 우리 대신 대가를 지급하는 걸 실제로는 거부하는 사람이 많다. 우리는 성탄절의 아기 예수와 부활절에 무덤에서 부활하신 예수는 사랑한다. 그런데 웬일인지 인간 예수, 교사 예수, 현자 예수, 저항자 예수, 불온 분자 예수, 마을 영웅 예수, 이웃 주민 예수는 못 보고 있다. 예수는 이러한 모습들을 우리의 삶을 구속하고 회복하기 위한 모델로 주셨다. 그러나 우리는 이 중요한 것들을 놓치고 있다. 단지 그분을 찬양하는 것에 만족하고, 다시 오셔서 천국에 데려갈 날만 기다리고 있다.

'예수께서 우리 안에 살고 우리가 예수의 삶을 산다는 것'은 단지 이웃을 전도하고, 죄인을 회개시키고, 사도들을 본받는 수준을 말하지 않는다. '대속'은 그보다 훨씬 큰 그림이다. 하나님은 당신이 그분의 삶을 얻길 바라신다. 예수는 우리에게 충만한 삶을 주려고 이 땅에 오셨다고 말씀하셨다. 우리가 구원을 간절히 구하고 교회에 다니고 그러면서도 신앙과는 전혀 상관없는 삶을 살게 하려고 육체를 입고 오신 게 아니다. 그보다 훨씬 큰 소망과 꿈을 갖고 계신다. 그분의 거룩한 삶이 당신에게 뿌리내리게 하고 죄가 모든 걸 엉망진창으로 만들기 전에 당신과 연합하려고 이곳에 오셨다. 따라서 '성육신'을 세상 사람들에게 하나님을 찾게 하는 도구 정도로 의미를 축소해선 안 된다. 먼저, 잠깐 멈춰 서서 여유를 좀 갖자. 그리고 예수께서 당신을 위해 이 땅에 오셨다는 사실을 생각해 보라!

당신을 위한 성육신

내가 아는 사람들 대부분은 예수께서 온 인류의 죄를 위해 죽음을 맞이했다고 믿는다. 하지만 '한 개인을 위해' 이 땅에 오셨거나 십자가에서 돌아가셨다는 사실은 믿지 않는다. 아들을 보내신 하나님을 생각할 때, 많은 이들이 하나님은 화가 난 교장 선생님, 예수는 교감 선생님쯤으로 상상한다. 교실에서 도망친 비행 청소년을 잡아서 벌을 주는 교감 선생님 말이다. 왠지 모르게 우리는 이 땅에 오신 하나님을 꾸짖는 분이라고만 생각한다!

온 인류를 망가뜨려 놓은 아담의 심정을 생각해 보자. 나도 살면서 엉망으로 만든 것들이 있다. 실수나 잘못을 저질러 큰 대가를 치르는가 하면, 타인에게 상처를 주기도 한다. 그런데 이 세상에 죄를 들여온 아담은 어떤 심정이었을까? 완벽했던 세상을 완전히 파괴했다! 세상에 이보다 더 큰 실수가 있을까!

믿음을 살다

이런 실수를 범했다면 하나님이 어떻게 보이겠는가? 어릴 때 아버지에게 잘못한 뒤 몰래 숨어 본 적이 있는가? 내겐 기억에 남는 일이 하나 있다. 부모님이 방을 리모델링하고 있었는데 내가 옆에서 놀다가 그만 카펫 위에 페인트를 쏟고 말았다. 부모님은 현장을 보지 못했고 나는 쏜살같이 위층으로 올라가 이불 밑에 숨었다. 얼마 지나지 않아 아래층에서 아버지의 목소리가 들렸다. 나는 이불을 푹 뒤집어쓰고는 박제된 동물처럼 손가락 하나 까딱거리지 않았다. 그때 아버지가 날 부르셨다. 뒤이어 계단을 올라오는 발걸음 소리가 들렸다.

"휴 토마스(Hugh Thomas), 어디 있니?"

난 숨을 참고 쥐 죽은 듯이 있었다. 문이 삐걱거리며 열렸고, 아버지가 침대 쪽으로 걸어오는 게 느껴졌다. 내 간이 콩알만 해졌다. 드디어 아버지는 날 찾아내고 말았다. 아버지는 내 발목을 잡고 침대 밖으로 날 들어 올릴 거야. 난 거꾸로 대롱대롱 매달린 채 큰 나무 주걱으로 엉덩이를 엄청나게 맞겠지! 하지만 그런 일은 일어나지 않았다. 내 기억으론 아버지가 이불 한쪽을 잡고 살며시 들어 올렸고 온화한 미소로 나를 쳐다보셨다. 그리고 이렇게 말씀하셨다.

"아들아, 네가 카펫을 더럽히긴 했지만, 아빠 널 사랑한단다. 내려와서 카펫 청소하는 것 좀 도와주지 않을래? 아빠는 화 안 났어. 그래도 깨끗이 청소는 해야겠지?"

하나님이 아담을 찾아왔을 때, 분명 그분의 마음은 상해 있었다. 실망도 했다. 누구보다 마음이 찢어지게 아팠다. 그럼에도 하나님은 아담을 찾아오셨고, 잘못을 꾸짖기 전에 아담에게 중요한 질문을 던지셨다. 그분은 여러분이 생각하는 것처럼 노발대발하는 늙은이가 아니었다. 하나님이 아담을 혼내시지 않았다면, 당신은 지금 편하게 살았을지도 모른다! 물론 온 우주가 완전히 망가져 버리는 엄청난 결과가 나타났지만, 아담을 구제하고 모든 사람의 죗값을 치를 방법은 있었다. 예수께서 오셔서 우리와 함께 살고 우리를 위해 죽은 사실이 우리에게 죄가 있고 구원자가 필요하다는 증거가 된다. 그렇지만 이보다 더 중요한 것이 있다. 우리가 그만큼 구원받을 만한 가치가 있다는 것이다. 예수께서 '당신을 위해' 육체를 입고 살았다는 사실을 간과해선 안 된다. 예수는 당신을 위해 이 땅에 오셨다.

그들을 위한 성육신

예수는 '그들'을 위해서도 이 땅에 오셨다. 그들은 누구를 말하는가? 바로 당신을 제외한 모든 사람이다!

작년에 아이티를 방문했다. 한순간에 10만 명 이상의 사망자를 낸 대지진에 관해 이야기로만 들었고 사진으로만 현장을 확인했다. 그러다 이번에 직접 가서 보고 느낄 기회가 찾아왔다. 역시나 생각했던 것처럼 아이티 사람들은 대부분 집을 잃어 길가에 나앉고 먹을 것을 찾아 배회하고 있었다. 절망적인 상황에

믿음을 살다

부닥쳐 있던 터라 그들에게 가까이 가는 것도 위험한 상황이었다. 우리 일행이 이곳저곳 이동할 때 안전을 위해 보안 팀이 함께 다녔다. 우리 자동차 운전사는 현지 아이티 사람이었는데, 야만인들로 변한 동포들을 보며 참담한 심정으로 말했다.

"지금 여기서 강도질하는 사람들은 제가 어렸을 때 다 알고 지내던 사람들이었어요. 대부분 친한 친구들이었죠. 지금은 골목길을 배회하면서 남의 것을 훔치고 폭행을 저지르고 있지만, 전 여전히 저 친구들을 사랑해요. 쟤들이 왜 저렇게 됐는지 잘 알고 있으니까요."

이처럼 믿지 못할 이야기가 성경의 요나서에도 등장한다. 하나님은 요나를 오늘날의 아이티와 맞먹는 곳, 바로 니느웨로 보내셨다. 당시 광포한 니느웨 사람들은 아이들을 마구 죽이고 우상을 숭배했다. 또 이방인뿐 아니라 동포에게까지 테러를 자행했다. 하지만 하나님은 구원의 소망을 갖고 누군가를 보내셨다. 요나를 보내시고 예수를 보내신 하나님께서 언젠가 당신도 보내실 것이다. 이는 당신이 이 땅에 오신 예수를 인격적으로 받아들이는 것만큼이나 어려운 일이다. 하나님이 다른 이들의 삶을 구원하려고 당신을 사용한다는 사실을 믿는 건 훨씬 더 어려운 일이다. '성육신'은 당신도 세상 사람들을 아이티 운전사가 가졌던 애절한 마음으로 바라보라고 요구할 것이다. 고린도후서 5장 16절에 이런 말씀이 있다. "우리는 더 이상 세속적인 눈으로 사람들을 보지 않는다"(저자가 변형함). 이 말씀 한 구절이 당신에게 살아 있는 힘이 될 수 있다. '성육신'은 지금 당신이 바라보는 영혼의 처지를 능가하는 하나님의 능력을 전적으로 신뢰하라고 요구할 것이다.

아이티 구호 활동이 진행되는 동안, 비욘세는 〈Halo〉라는 노래의 가사를 다시 고쳤다. "아이티, 난 당신의 후광을 볼 수 있어요."라는 가사가 지금 내가 말하는 바를 정확히 표현하고 있다. 아이티의 수도 포르토프랭스(Port-au-Prince)처럼 폐허가 된 도시에 드리워진 후광을 볼 수 있다면, 하나님께서 당신에게 인도하시는 모든 친구와 원수에게 드리운 후광도 보게 될 것이다.

전액 상환

'대속(redemption)'에 관해 마지막으로 하고 싶은 이야기는 대속은 '전액 상환(full refund)'이라는 것이다. 하나님은 '부분 상환'이나 '신용 거래'의 방식으로 외아들을 주신 것이 아니다. 그분은 모든 값을 한꺼번에 치르셨다. '부분 상환'은 평범한 삶에 장식처럼 붙어 있는 미미한 종교와도 같다. 하지만 '전액 상환'은 하나님 나라는 무엇인지, 어떻게 하나님의 백성으로 살아야 할지 배우는 것을 의미한다. 우선, 많은 사람이 빠져 있는 이기적이고 소비지상적이고 교회중심적인(churchianity) 기준들을 무시해야 한다. 하나님은 당신에게 거룩한 삶을 열어 주셨는데, 이 값진 기회를 통해 모든 걸 새롭게 돌아보아야 한다.

그리스도인들은 종종 예수께서 단지 죄를 위해 죽으심으로 구원을 주시려고 이땅에 오셨고, 기독교라는 종교를 더 성장시키고 더 구원하시려고 온 것처럼 말한다. 그러나 결코 더 구원하여 교인을 늘리고, 교구를 늘리기만 원하신 게 아니다. 하나님은 잃어버린 가족을 찾기를 원하신다. 요한복음 17장은 예수께서 육신의 삶이 끝날 즈음 하신 말씀이다. 지난 3년 동안 함께했던 11명의 '얼간이들'에게 아버지의 마스터플랜을 전했다. 얼간이 제자들은 많은 걸 알았지만, 또 많은 걸 놓치고 있었다. 제자들이 예수의 말씀에 귀를 기울이자 예수는 그들을 위해 기도하셨다. 기도 중 가장 놀라운 말씀이 21절에 나온다.

"아버지여, 아버지께서 내 안에, 내가 아버지 안에 있는 것 같이 그들도 다 하나가 되어 우리 안에 있게 하사 세상으로 아버지께서 나를 보내신 것을 믿게 하옵소서."

예수는 제자들이 교회를 성장시키거나, 개종자를 만들거나, 비영리단체를 세우거나, 죄짓기를 멈추게 해 달라고 기도하지 않았다. 이 점에 주목해야 한다. 예수는 제자들이 어마어마한 기적을 행하거나, 사람들의 이목을 끌거나, 순회강연을 다니거나, 성경 공부를 인도하거나, 복음 전도를 성공적으로 이끌게 해 달라고 기도한 적이 없다. 오로지 제자들이 성부, 성자, 성령의 가족 품으로 들어오기를 간구하셨다. 이 소수의 사람들로부터 물결이 퍼져 나가 세상 모든 사람이 하나님의 가족으로 접붙여지길 소망하셨다. 성육신적인 삶은 회심에 관한 것이라기보다 오히려 입양에 가깝다. 에베소서는 예수를 따르는 자들을 늘 가족의 관점으로 보았다. 우리는 예수와 한 몸을 이룬 자들이며, 하나님의 집에 사는 한 식구고 신랑 신부다. 이러한 이해가 없다면 당신은 예수의 이름으로 제사장 대신 죄수를, 형제 대신 개종자를, 가족 대신 바리새인을 만들고 말 것이다.

생각

지금 이 순간에도 당신을 찾아오시는 하나님에 대해 생각해 본 적이 있는가? 하나님은 왜 여전히 당신을 찾으시는가? 이번 주에 그분이 당신에게 하신 말씀은 무엇인가?

_____

_____

느낌

하나님이 당신을 그리워하고 아들의 목숨까지 바꿔 당신의 삶을 거듭나게 한 사실을 생각하면 어떤 느낌이 드는가? 당신의 내면에 무너진 영역들을 돌아보고 이런 부분이 회복될 때 어떤 느낌이 들지 상상해 보자.

_____

_____

실행

하나님은 오늘도 모든 사람을 찾고 계신다. 그러니 혹시 포기하거나 틀렸다고 생각한 사람이 있는지 돌아보자. 있다면 리스트를 작성한 뒤 하나님께서 우리를 향해 가졌던 그 심정으로 그 사람들을 생각해 보자. 당신은 그들을 위해 무엇을 할 수 있는가?

_____

_____

2

영적 혼란에
빠진 사람들

●

영적 혼란을
바로잡다

개의 숨 냄새와 우유 냄새가 여전히 뇌리에 깊이 박혀 있다.

로스코(Rosco)는 올해로 마흔 살이다. 그는 세계를 돌아다니며 온갖 가난과 기아, 학대에 관한 영향력 있는 다큐멘터리를 만들고 있다. 이야기꾼인 로스코는 자신의 작업을 통해 세상이 조금이라도 바뀌길 희망하며 오늘도 세상의 불의들을 찾아다니고 있다.

로스코는 무신론자이며, 마음이 따뜻한 사람이다.

37년 전, 다섯 살 때 로스코는 북아일랜드에서 가족들과 자그마한 오두막집에서 살고 있었다. 어느 날 식탁 밑에 숨어 있던 로스코는 우유를 담은 그릇을 개에게 주며 필사적으로 개를 조용히 시키려 했다. 그의 어머니는 가족들을 또 잃게 될까 봐 IRA[Irish Republican Army, 아일랜드 공화국군, 북아일랜드의 반영(反英) 지하 군사 조직 – 역자 주] 행동대원들이 들이닥치기 전에 아이들을 집안 곳곳에 숨겼다. 대원들은 집 안으로 들어와 아버지에게 총을 겨누었다.

그 순간 로스코는 하나님에게 아버지를 살려 달라고 애원했다. 그러나 그 결과는? 권총이 발사되는 소리가 들리더니 곧이어 아버지가 식탁 옆 부엌 바닥에 '쿵' 하고 쓰러졌다. 하나님은 그의 기도에 응답하지 않았고, 아버지를 살해한 사람들은 다음 주에 미사에 참석해 찬송가를 불렀다. 이때부터 로스코는 하나님을 믿지 않았고, 그날 개의 숨 냄새와 우유 냄새만 뇌리에 깊이 박혀 있었다.

내가 로스코를 알게 된 건 그의 결혼식 때였다. 나는 로스코와 그의 신부인 타냐(Tanya)의 결혼식에 주례를 섰다. 로스코가 덴버로 이사 오기 전에 나는 스타벅스에서 커피를 마시다가 이 충격적인 이야기를 듣게 되었다. 그리스도인인 타냐는 어떻게 무신론자와 결혼할 생각을 하게 되었는지 전후 사정을 내게 설명해 주었다. 타냐는 지금까지 만난 그리스도인 남자들이 모두 자기에게 함부로 대하고, 거짓말을 하고, 성적인 죄를 저질렀다고 성토했다.

"로스코는 제가 지금까지 만나 본 남자 중에 제일 다정하고 친절하고 존경할 만해요. 언젠가는 우리 두 사람이 영적으로 함께 성장할 날을 기대하고 있어요. 그래서 목사님이 그 사람 이야기를 알고 계셨으면 해서요. 그이의 지난 과거가 진짜 큰 문제니까요. 저는 그 사람을 이해해요."

우주의 딜레마

　로스코의 비극적인 이야기를 들으면 그가 왜 하나님의 존재를 믿지 않는지 이해가 된다. 또 로스코와 같은 사람들이 깊은 영적 혼란을 참아 온 것에 대해 연민도 생긴다. 우리 주변에 이런 일들이 늘 일어나고 있어 좌절감을 느끼지만, 이들이 하나님에 대한 생각을 바꾸도록 도울 방법을 몰라 안타깝기만 하다. 답답한 마음에 산꼭대기에 올라 힘껏 소리치고 싶다. "그건 하나님이 아니라고요!", "하나님도 그런 건 싫어해요!", "하나님이 당신에게 그랬던 게 아니에요!" 하지만 여간해서 진리의 선포가 혐오스러운 종교와 고통스러운 삶으로 상처받은 단단한 마음을 뚫고 들어가기는 어렵다. 어떻게 하면 하나님의 이름으로 자행된 일들과 별개로 하나님을 제대로 보게 할 수 있을까? 25년 동안 자의식을 형성해 온 사람에게 단 몇 마디 말로 설득할 수 있을까? 평생 주변 환경의 전통과 원칙, 관습과 신념의 세례를 받아 온 동료들의 인생관이나 세계관을 바꿀 수 있을까?

　이것이 바로 딜레마 아닌가.

　그렇다. 그건 분명히 하나님의 우주적 혼란 상태(cosmic mess)였다. 하나님은 사람들이 죄로 모든 게 엉망이 되기 전 상태로 돌아오길 바라셨다. 하나님의 아들로, 딸로, 친구로, 식구로 돌아오길 간절히 원했다. 하지만 마음이 굳어 버리고 삶이 힘겨워 하나님을 보지 못하고 그분께 돌아오는 길도 제대로 발견하지 못한다는 사실도 알고 계셨다. 선지자를 보내도(요즘 말로, 아무리 빡세게 가르쳐도) 통하지 않는다. 사람들은 진리를 들을 귀를 잃어버렸고 근거 없는 종교를 받아들일 수도 없다. 선포된 진리는 허공을 떠돌고 있다. 성육신은 이제 예수 혼자만의 이야기가 된 것 같다.

요한복음 1장 14절은 성육신에 관한 가장 강력한 성경 말씀이다. "말씀이 육신이 되어 우리 가운데 거하시매 우리가 그의 영광을 보니 아버지의 독생자의 영광이요 은혜와 진리가 충만하더라." 우리는 이 책에서 이 말씀 구절을 다양한 각도로 살펴볼 것이다. 여기서는 사람들이 그분의 영광을 어떻게 보았는지 정도만 살펴보자. 하나님의 영광이란 그분의 본질이자 참 모습이며, 독특한 속성이다. 예수께서 육신을 입고 오셨기에 사람들은 하나님의 본래 모습을 볼 수 있었다.

영적 혼란에 빠진 사람들

예수의 시대에는 사람들을 여러 범주로 나누어 이름을 붙였다. 니느웨 사람, 사마리아 사람, 이교도, 나환자, 비유대인 이런 식으로! 예수가 메시아라고 하자 누군가 "나사렛에서 무슨 선한 것이 날 수 있느냐?"(요 1:46)라고 말했던 것도 그런 까닭에서다. 지금도 마찬가지다. 민주주의자, 공화주의자, 우파, 좌파, 동성애자, 남침례교도, 은사주의자, 무교회주의자, 죄인, 비그리스도인, 불신자(예를 들자면 끝이 없다) 등 사람들을 뭉뚱그려서 분류한다. 하지만 이런 일반화나 이름 붙이기 행위는 우리의 집단적 혼미 상태만 입증할 뿐이다.

사람들은 개종시켜야 할 이교도가 아니다. 복음 전도의 목표도 아니고, 다시 프로그래밍해야 하는 인구 범위도 아니다. 인간은 결코 일반화하고, 범주화하고, 일축하고, 재단하고, 과소평가할 대상이 아니다. 모든 사람은 각자가 하나의 이야기다. 풍부한 역사와 경험, 창조적인 잠재력을 지닌 존재다. 강점과 약점, 분명한 부분과 모호한 부분 모두 지니고 있다. 영적 혼미는 보편적인 것이지만, 그렇다고 모든 사람을 같은 범주 안에 넣어서는 안 된다.

예수는 영적 혼란에 빠진 사람들을 절대 하찮게 여기지 않았다. 사람들이 각자 분투하는 영적 상황을 알고 계셨기 때문이다. 마치 내가 십대 성범죄자를 상담할 때, 범죄 기록들을 전부 확인한 결과 아이가 학대를 힘겹게 참다가 끝끝내 그런 폭력 행위를 저지를 수밖에 없었다고 이해하는 것과 같다. 전체적인 이야기를 알고 있으면 사람에 대한 편견이 사라진다. 예수는 죄인들이 살아온 이력을 보셨다. 그분은 사람들의 불신앙을 존중하

믿음을 살다

셨다. 아직 예수를 따르지 않는 자들을 친구, 눈먼 자, 갇힌 자, 절름발이, 길 잃은 어린 양이라고 부르셨다. 예수는 그만큼 죄인들이 예수를 알아보기 힘든 상황이라는 걸 이해하셨다. 죄인들의 지나온 이야기를 아셨고, 그것이 현재진행형이라는 것도 아셨다.

당신이 내가 만나는 비그리스도인 친구들(이른바 '불신자들')과 얘기를 나누다 보면, 그들이 하나님을 믿는다고 느낄 것이다. 우리가 설정한 전형적인 그리스도인의 범주에서 벗어나 있지만, 이들과 대화를 나누다 보면 하나님을 향한 놀라운 신앙을 발견하게 된다. 게다가 수준 높은 도덕적 소신과 가난하고 억압받는 사람들에 대한 뜨거운 사랑도 지니고 있다. 가끔은 그들의 삶에 내 삶을 견주어 보면 내가 '죄인 중의 괴수'가 된 느낌일 때도 있다. 사람들은 스스로 무신론자, 불가지론자, 신자라는 딱지를 붙이지만 실제로는 그렇지 않다. 적어도 백 퍼센트 일치하는 경우는 없다.

사실 대부분은 '믿으려고 노력하는 사람들(trying-to-be-believers)'이다. 그리스도인들은 나름의 신앙 체계를 따라 살아간다고 하지만, 삶 속에서 신앙을 저버릴 때가 많다. 돈과 자녀 때문에 하나님 신뢰하기에 실패한다. 일이 잘 풀리지 않을 때는 하나님께 금세 불만을 터뜨린다. 믿지 않는 사람들과 동일하게 세속적 성공을 위해 분투하며 산다. 이 밖에도 수많은 사례가 있다. 다른 사람들처럼 포르노 사이트에 접속하고, 이혼 서류를 작성하고,

세금을 빼돌린다. 우리는 갈피를 잡지 못하고 혼란 가운데 인생을 엉망으로 만들고 있다. 이런 사실을 깨닫는 것만으로도 타인을 인내하고 신뢰하는 데 상당히 도움이 된다.

덤불 빠져나오기

따라서 성육신적인 삶은 우리에게 (우리 자신을 포함한) 모든 사람을 최소한 잃어버린 어린 양으로 생각하라고 도전한다. 보통 남자들은 운전하면서 길을 잃었을 때, 누군가에게 길을 물어보지 않고 무작정 찾아 헤매거나, 어떤 경우는 자기가 무조건 옳다며 우긴다는 농담을 들은 적이 있다. 남자들 대부분이 백기를 들진 않겠지만, 우리는 가장 빠른 길이 분명하지 않을 때 잠시 주유소로 들어가야 한다. 남자들은 길을 잃었다는 걸 인정하는 것 빼고는 거의 모든 일을 할 것이다.

일례로 내 친구 루(Lou)를 들 수 있다. 루와 나는 그랜드 메사(Grand Mesa)에서 사냥을 몇 번 같이 했었다. 남자들 대부분은 사륜자동차나 캠핑 트레일러가 들어갈 수 있는 지역까지만 들어간다. 아니면 땀 흘리며 하이킹을 한 뒤 호텔에서 따뜻한 물에 샤워하고 쉰다. 하지만 우리는 그러질 않았다. 아… 얼마나 어리석었는지! 우리는 텐트를 치려고 6.5km나 걸어서 덤불로 들어갔다. 땅은 야생 그대로 거칠고 험악했다.

사냥을 시작한 첫 해에 루와 나는 바위와 참나무 숲 사이에

통행할 수 있는 땅을 찾는 데 대부분 시간을 할애했다. 참나무 숲 속에서 헤맨다는 건 들장미로 빼곡한 벽을 기어오르는 것과 같다. 거의 지나다닐 수가 없는 곳이었다. 그런데 올해는 루가 나를 두고 혼자서 협곡을 건넜다. 루는 함께 있던 동료들과도 100m 이상 더 떨어져 있었다고 한다. 매트(Matt)와 마이크(Mike)(이 친구들은 우리보다 더 합리적이고 보수적이다)는 숲 속 오솔길에서 떨어지지 않았는데, 한참 시간이 지나도 루가 돌아오지 않자 그가 길을 잃었다고 생각했다. 두 사람은 다시 산을 내려와 루의 발자국이 길을 이탈한 지점을 찾았다. 100m 뒤쯤에 발자국이 참나무 숲 속으로 곧장 향해 있는 걸 발견했다. 그들은 숲으로 들어가는 길을 찾아보려 했지만 축구공만한 개구멍 말고는 아무것도 없었다. 혹시 루가 여기서 방향을 돌려 다른 길로 간 건 아닌지 주변을 둘러보았지만 아무런 흔적도 남아 있지 않았다. 루시(Lucy)가 나니아(Narnia, C.S. 루이스의 소설 「나니아 연대기」에 나오는 가상의 세계 – 역자 주)로 연결된 통로를 찾듯이, 매트와 마이크는 호기심에 이끌려 그 작은 구멍을 통해 덤불 숲으로 들어갔다. 숲은 빽빽했지만 루의 발자국은 계속해서 앞으로 나아가고 있었다!

나중에 함께 모닥불에 둘러앉아 있을 때 동료들이 루에게 물었다. "무슨 생각으로 거길 들어간 거야?" 그러자 루가 멋쩍게 대답했다. "그냥 되돌아가기 싫었어. 힘들게 거기까지 가서 그런지 발길을 차마 돌릴 수가 없더라고… 그래서 그냥 앞으로 직진한 거야." 루는 덤불을 뚫고 가다가 갑자기 나뭇가지에 주황

색 모자가 걸렸다. 모자는 3m 정도 뒤로 날아가 떨어졌다. 그는 너무 지친 나머지 땅에 떨어진 모자를 그저 바라볼 뿐 주울 생각도 하지 않았다! 루는 앞으로 몇 걸음 더 나아갔는데, 바로 앞에 벽을 만났다. 말 그대로 진짜 벽이었다. 계속 가려면 그 암벽을 기어올라야 했다. 루는 더 이상 길이 없다는 걸 깨달았다. 그때야 정신이 번쩍 들었다. '길을 잃었구나!'

매트는 워키토키 무전기로 루를 찾았다.

"루… 대체 어디 있는 거야?" 루가 답했다.

"매트, 여기 지옥이야!"

사내들은 마침내 루를 찾아 다시 산길로 데리고 나왔다. 그날 밤 그들은 따뜻한 모닥불에 둘러앉아 휴식을 취했다. 산길에서 고작 10m도 안 되는 곳에서 지옥에 떨어진 루의 이야기를 들으니 웃음이 터져 나왔다.

성육신의 삶이란 이러한 혼미 상태를 진지하게 생각해야 함을 의미한다. 당신은 사람들이 길을 잃었다는 걸 존중할 줄 알아야 한다. 그들에게 귀를 기울이고 영적 여정을 존엄하게 여길 줄 알아야 한다. 그리고 그들에게 무슨 일이 일어났는지 또는 무슨 일이 일어나지 않았는지에 관한 이야기를 들을 때, 그들의 처지에서 동일한 마음이 되어야 한다. 그래야 언젠가 나쁜 기억으로부터 예수를 분리해 낼 때 실제로 도움을 줄 수 있다. 당신은 그들에게 하나님의 진짜 얼굴을 보여 줄 수 있다.

믿음을 살다

하나님의 얼굴 드러내기

예수는 하나님의 진짜 얼굴을 보여 주려고 이 땅에 오셔서 우리와 함께 지내셨다.

이와 관련된 성경 구절을 확인해 보자.

> "이는 그들로 마음에 위안을 받고 사랑 안에서 연합하여 확실한 이해의 모든 풍성함과 하나님의 비밀인 그리스도를 깨닫게 하려 함이니 그 안에는 지혜와 지식의 모든 보화가 감추어져 있느니라"(골 2:2~3).

이 구절에서 사도 바울이 사람들에게 예수를 완전히 깨닫게 하는 것이 목표라고 말한 이유를 알 수 있다. 예수는 하나님이 누구인지 명확히 보여 주시기 때문이다! 나는 사람들에게 정말 하나님이 어떤 분인지 알고 싶다면, 다시 말해 우리를 향한 하나님의 감정과 마음이 무엇인지, 미치광이처럼 그릇되게 살아가는 사람들에 대해 무슨 생각을 하시는지, 인간들을 향한 계획이 무엇인지 알고 싶다면, 당신이 해야 할 일은 예수를 보는 것이라고 말해 준다!

예수께서도 요한복음 14장 9절에서 이렇게 말씀하셨다.

"나를 본 자는 아버지를 보았거늘"

예수는 단지 사람들을 회심시키려고 오신 것이 아니다. 어디서도 회심이 목표라고 말씀하지 않았다. 예수는 자기의 영광을 드러내어 아버지께 영광을 돌리고 싶어 하셨다. 우리가 영적 혼미 상태에서 벗어나 하나님을 분명히 바라볼 수 있도록 돕길 원했고, 우리도 예수와 같은 목표를 갖길 바라셨다.

다시 로스코로

나는 로스코에 대해 부분적으로만 알고 있었는데, 예수는 내가 좀 더 '육체적으로' 다가가길 바라셨다. 내가 알고 있던 사실은 로스코가 아일랜드 사람이라는 것, 종교 지도자들과 체제에 대해 부정적이라는 것, 고정관념에서 벗어나 하나님을 볼 필요가 있다는 것 정도였다.

로스코와 타냐의 결혼식이 열린 장소는 교회 예배당이었다. 이곳에서는 술을 마시지 못했고 예식만 치를 수 있었다. 그러나 결혼식에서 술을 금지한다는 것이 아일랜드 청년에게는 충분히 언짢은 일이 될 수 있었다. 심지어 맥아 보리 음료조차 허용하지 않으면 더더욱 기분이 나쁠 수 있다.

그래서 난 가나의 혼인 잔치 때 예수께서 하신 걸 모방하기로 했다. 예식이 끝나고 로스코를 내 지프에 태웠다. 우리는 1km 정도 도로를 달려 어느 저택 대문 앞에 차를 세웠다. 나는 자동차 서랍에서 아일랜드산 위스키 두 병을 꺼냈다. 로스코는 그것을 보자 흠칫 놀랐다. 난 웃으면서 위스키를 땄고, 로스코는 눈에 눈물이 맺힌 채 말했다.

"저는 목사님이라고 생각했는데요."

"목사 맞아요." 내가 대답했다.

"근데 이러셔도 돼요?" 그가 물었다.

"저기 결혼식장에서는 안 되지만, 전 예수께서 하신 대로 하려고요. 예수께서도 친구 결혼식 때 엄청나게 많은 물을 포도주로 바꾸셨거든요. 그러니 아일랜드산 위스키 한 모금 마신다고 싫어할 것 같지 않아요."

나는 이어서 말했다.

"로스코, 사실 타냐가 당신 이야기를 조금 들려줬어요. 당신이 하나님을 믿는 게 왜 힘든지 이해돼요. 참 하나님을 보지 못하게 하는 기독교의 위선적이고 억압적이고 인습적인 이미지가 언젠가는 씻겨 나가길 바라요."

대화가 끝날 즈음, 나는 로스코를 향해 간단하게 축복을 해주었고, 로스코도 아일랜드식으로 나를 축복해 주었다. 정말 행복한 시간이었고 하나님이 함께하시는 시간이었다. 로스코는 자신의 이야기가 나와 하나님에게 매우 중요하다는 사실을 알게 되었다.

생각

당신을 영적으로 혼미하게 했던 사람, 사물, 혹은 경험을 확인할 수 있는가? 중요한 사항들을 열거해 보자.

_____

_____

 느낌

당신은 어떤 상황이나 어떤 사람들에게서 하나님을 제대로 구별해 낼 수 있는가? 다른 말로 하면, 하나님께 책임이 없는데도 하나님을 원망하고 있지는 않나?

_____

_____

 실행

주위 사람들의 과거 이야기를 들어보기 위해 시간을 낸 적이 있는가? 만일 없다면, 커피 한 잔 나누면서 이야기를 나눌 만한 사람을 찾아보자. 자리를 불편하게 만들지 말고 그냥 이렇게 말하자. "오늘 갑자기 당신 생각이 났어요. 커피나 한잔 하면서 당신 얘기를 듣고 싶네요."

_____

_____

3

우리가 회복해야 할
새로운 복음

●

예수께서

우리에게 주신 것

당신이 지금까지 들었던 최악의 '좋은 소식'은 무엇인가? 내 머릿속에 떠오르는 걸 몇 가지 적어 보면 이렇다.

"홀터(Halter) 고객님, 저는 포드(Ford) 고객서비스센터의 빌(Bill)이라고 합니다. 좋은 소식이 있어 연락드렸는데요. 고객님의 자동차에서 연기가 나는 건 헤드 개스킷에 이상이 생겨서 그런 건 아니고요. 자동차 변속기에 문제가 생겨서 그런 겁니다. 원래 수리비용으로 4,500달러가 드는데 저희가 단돈 3,500달러로 해결해 드리겠습니다." '오, 정말?'

한번은 학교에서 딸아이를 태우고 집으로 돌아오는데 이웃에 사는 스티브(Steve)가 전화를 했다.

"휴(Hugh), 자네가 그릴에 올려 둔 연어가 다 익은 거 같은데."

"그 얘기를 왜 해 주는 거지?"

"바비큐 하려고 쌓아 놓은 땔감 나무에서 엄청나게 연기가 나지 뭔가! 집이 홀랑 타기 전에 빨리 와서 불을 꺼야 할 것 같네!" (그래, 집을 구할 생각은 안 하고 전화를 해 주니 무척이나 고맙네. 얼간이 같으니라고!)

아무 생각 없이 낮잠을 자다가 화들짝 놀라서 깼다. 공항 터미널 43번 게이트 앞 대기실에 나 혼자 덩그러니 남아 있었다. 매표원은 이런 말을 해 주었다.

"저,… 좋은 소식과 나쁜 소식이 있는데요. 손님께서 탑승 수속 내내 주무셨는데, 자리에 돌아가서서 좀 더 편히 주무실 수 있을 거 같네요. 다음 비행까지 아직 7시간 남았으니까요." (아으, 정말!)

당신에게도 분명 이런 일들이 있었을 것이다. 좋은 소식이라고 하지만 들어 보면 나쁜 소식 아닌가? 그래서인지 사람들이 '좋은 소식'이 있다고 할 때 의심의 눈길을 보내게 된다.

이 이야기를 꺼낸 이유는 많은 사람이 '복음'이라는 것을 믿고 있기 때문이다. 복음은 그리스도의 죽음, 장사, 부활을 나타내는 '명사(noun)'로서 그리스도인들이 세상에 전해야 하는 중요한 메시지로 여겨지고 있다. '명사'라고 말한 이유는 우리가 복음을 완비되고, 단순명료하고, 깔끔하게 포장된 것으로 보기 때문이다. 우리는 복음을 주제로 설교하고, 복음에 관해 책도 쓰고, 심지어 거리로 나가 복음을 전하게 한다. 하지만 왠지 모르게 복음을 공유하려는 우리의 열정과 복음에 대한 세상의 반응이 시원

찮다. '복음'이 중요하다고 배웠지만, 그리스도인 대부분은 주변에 단 한 명에게도 복음을 전하지 않고 살아간다. 복음에 대해 말을 꺼내면 뜨뜻미지근한 반응을 보인다. 대체 무슨 일일까?

복음에 문제가 생긴 건 아닐까? 좋은 소식이 나쁜 소식으로 둔갑한 건지도 모른다.

'복음(gospel)'이라는 단어는 '좋은 소식'을 의미한다. 이런 정의만 보면, 기독교 운동이 축축한 바위의 이끼처럼 세상에 급속히 퍼져 나갈 것 같다. 억압, 갈등, 가난, 학대, 재정 절벽(정부의 재정 지출이 갑자기 중단되거나 줄어들어 경기가 급격히 위축되는 상황을 이르는 말 – 역자 주), 아이티 지진, 성 추문 성직자, 총기 난사 사건 등 나쁜 소식이 만연한 세상에 살면서, 어느 누가 이 고통에서 해방시켜 줄 좋은 소식을 마다하겠는가? 복음이 정말 좋은 소식이라면 사람들은 너나 할 것 없이 복음을 받아들일 것이다.

좋은 소식에 대한 나쁜 소식

갈라디아서 1장 6절~9절에서 바울은 잘못된 복음에 관해 말한다. 바울은 우리가 좋은 소식을 변질시키지 않도록 돕고자 애쓰고 있다.

> "그리스도의 은혜로 너희를 부르신 이를 이같이 속히 떠나 다른 복음을 따르는 것을 내가 이상하게 여기노라. 다른 복음은

없나니 다만 어떤 사람들이 너희를 교란하여 그리스도의 복음을 변하게 하려 함이라. 그러나 우리나 혹은 하늘로부터 온 천사라도 우리가 너희에게 전한 복음 외에 다른 복음을 전하면 저주를 받을지어다. 우리가 전에 말하였거니와 내가 지금 다시 말하노니 만일 누구든지 너희가 받은 것 외에 다른 복음을 전하면 저주를 받을지어다.”

바울은 왜 이렇게 화가 나 있을까? 하나님이 진노하시기 때문이다. 하나님은 사람들이 변질된 복음을 좋은 소식이라고 오해하는 걸 싫어하신다. **바울은 율법주의, 허례허식, 독단적 판단을 복음으로 가장하는 걸 원치 않았다. 그런데 이 세 가지가 대부분의 비그리스도인들이 생각하는 복음의 이미지다!**

당신이 서기 1세기에 복음을 처음 들은 비유대인이라고 상상해 보자. 아마 복음이 이런 식으로 들리지 않았을까. “좋습니다. 당신은 하나님의 백성이 될 수 있어요. 단, 할례를 받아야 하고요. 이제 돼지고기 같은 육류 섭취는 피해야 합니다.” 어떻게 이런 지옥 같은 생활이 복음이란 말인가?

그런 방식으로 당신이 친구들을 전도한다고 상상해 보자. 친구에게 한 시간 동안 우리는 죄인이지만 예수께서 그런 우리를 위해 죽으셨고, 우리가 그 사실을 믿으면 거듭나서 영원한 삶을 살 수 있다고 열변을 토한다. 이 말을 들은 친구는 이렇게 대답한다.

"오, 정말 끝내주는 이야긴데! 복음을 받아들이지 않으면 내가 손해일 것 같아. 근데 내가 특별히 주의해야 할 점은 없어?"

"아주 조금 있긴 해. 그래도 네가 누릴 것에 비하면 아무것도 아냐."

"오, 좋다. 근데 주의할 점이 뭐야?"

"응, 날카로운 부싯돌 칼로 포피를 자르면 돼. 앞으로 베이컨은 절대 먹지 말고. 어때, 나랑 복음을 공유하니까 행복하지 않니?"

"뭔 개떡 같은 소리야!" 아마 나도 똑같은 반응을 보였을 것 같다. 내가 아는 혈기왕성한 사람들과 베이컨을 사랑하는 사람들도 마찬가지다. 그건 1세기 사람들에게 절대 좋은 소식으로 들리지 않았을 것이다. 마찬가지로 오늘날 사람들에게 '복음'은 다음과 같이 들릴 것이다.

하나님은 당신을 사랑하신다. 그러나 당신이 그리스도인이 아닌 걸 견디지 못하신다. 하나님은 당신을 해방시키신다. 하지만 해야 할 일과 하지 말아야 할 일이 있다. 하나님은 가난한 자를 사랑하지만, 당신이 헌금을 많이 해서 교회가 부유해지길 바란다. 하나님은 잃어버린 자를 사랑하지만, 당신이 그리스도인 친구들만 사귀길 원하신다. 하나님은 저 세상에 아름다운 천국을 마련해 놓으셨지만, 기도 생활과 교회 출석을 열심히 하는 사람만 들어갈 수 있다. 하나님은 사람들을 심판하시지 않지만, 하나님의 백성들이 낙태 반대 시위를 하거나 요가를 비난하면 박수를 보내신다. 하나님은 온 인류를 완벽하게 사랑하신다. 단, 동성애자, 좌파, 극단적 채식주의자(고기는 물론 우유, 달걀도 먹지 않음), 미혼모, 엄격한 총기 관련법을 지지하는 사람을 제외하고!

농담 반 진담 반이지만, 대체로 뼈가 있는 말이다. 기독교의 복음 중 상당수가 예수의 복음이 아니다. 바나 연구소(Barna Research)의 데이비드 킨나만(David Kinnaman) 박사는 미국에 사는 그리스도인들을 대상으로 설문 조사를 했다. '우리의 태도나 행동이 예수에 가까운가, 아니면 바리새인에 가까운가?' 조사 결과 바리새인에 가깝다는 응답이 더 많았다. 이것이 바로 바울과 예수께서 우리에게 새로운 복음이 필요하다고 역설한 이유다. 진정 성육신의 삶을 살아가고자 한다면, 새로운 복음을 공유하고, 모델로 삼고, 사람들을 진짜 복음에 초대하는 일에 헌신해야 한다.

'무엇'의 복음인가?

예수는 마가복음 1장 15절에서 최초로 복음에 관해 말씀하셨다. "하나님의 나라가 가까이 왔으니 회개하라." '회개하라(repent)'는 '돌이키다(to turn around)'라는 뜻이다. 잘못된 방향으로 걸어가는 사람에게 걸음을 멈추고 돌아서서 반대 방향으로 가라는 부르심이다. 예수는 "확실하게 회개 기도를 하고, 교회에 나가고,

믿음을 살다

내가 돌아오기를 기다리라."라고 말씀하시지 않았다. 그분은 이렇게 말씀하셨다.

"새로운 세계의 질서로 말미암아 너는 이제 철저하게 다른 삶을 살아갈 수 있다. 그러니 가던 길을 멈추고 180도 돌아서서 내게, 그리고 하나님 나라의 삶으로 걸어오라."

나는 복음이 의미가 한정된 명사가 아니라는 사실을 깨달았다. 뭔가 다른 걸 보여 주는 게 좋은 소식이다. 뭔가 다른 건 바로 예수께서 이 세상에 하나님 나라를 가져오셨다는 사실이다. 이러한 이해를 바탕으로 복음서를 보면 복음을 새롭게 조명해 볼 수 있다. 다음 구절을 함께 살펴보자.

- "요한이 잡힌 후 예수께서 갈릴리에 오셔서 하나님의 복음을 전파하여"(막 1:14)
- "예수께서 온 갈릴리에 두루 다니사 그들의 회당에서 가르치시며 천국 복음을 전파하시며 백성 중의 모든 병과 모든 약한 것을 고치시니"(마 4:23)
- "이 천국 복음이 모든 민족에게 증언되기 위하여 온 세상에 전파되리니 그제야 끝이 오리라"(마 24:14).

이 '하나님 나라'의 복음은 바울, 스데반, 베드로를 비롯한 초대 교회의 지도자들이 사도행전과 나머지 신약의 모든 책에서 선포했던 핵심 메시지다(행 8:12; 14:22; 19:8; 20:25; 28:23, 31).

새로운 통치

　왕국은 왕의 통치가 영향을 미치는 영역이다. 예수는 하나님 나라가 이제 '가까이 왔다'고 하면서 이렇게 말씀하셨다. "내가 하늘에서 행하는 완벽한 통치를 이제 네가 매일 경험하는 삶의 영역에서 보여 줄 수 있다." 예수의 복음은 반항적인 이교도를 전멸시킨다는 예언이 아니다. 예수께서 아버지의 정신으로 다스리는 새로운 메시아의 나라에 관한 것이다. 또 인류를 괴롭히는 모든 것으로부터 해방되어 기쁨과 은혜와 자유가 가득한 하나님 나라에 관한 것이다.

　누가복음 4장 18~21절에 예수는 이사야 61장의 예언을 인용하며 말씀하셨다.

> "주의 성령이 내게 임하셨으니 이는 가난한 자에게 복음을 전하게 하시려고 내게 기름을 부으시고 나를 보내사 포로 된 자에게 자유를, 눈 먼 자에게 다시 보게 함을 전파하며 눌린 자를 자유롭게 하고 주의 은혜의 해를 전파하게 하려 하심이라 하였더라.
>
> 책을 덮어 그 맡은 자에게 주시고 앉으시니 회당에 있는 자들이 다 주목하여 보더라. 이에 예수께서 그들에게 말씀하시되 이 글이 오늘 너희 귀에 응하였느니라 하시니"

세상은 교회의 복음이나 대중적인 기독교 운동을 좋아하지 않는다. 세상은 예수의 복음을 좋아한다. 그게 진짜 좋은 소식이기 때문이다! 대부분이 예수께서 말씀하신 복음에 환호하고 소망을 둘 것이다. 물론 예수의 복음에는 영혼 구원이 포함된다. 하지만 그건 출발점에 불과하다. 하나님 나라는 하나님이 이 세상을 올바르게 만든다는 것을 뜻한다. 사람들이 굶주리지 않고 먹을 것을 얻게 되고, 원수로부터 보호받고, 질병을 치료받는다. 사람들은 새로운 삶을 시작할 것이다. 하나님 나라는 학대가 멈추고 가난한 사람이 보호받고 모두가 한 사람도 빠짐없이 진정한 공동체로 받아들여지는 곳을 말한다. 예수께 참복음은 이 땅에 하나님 나라가 임하고, 사람들이 아버지의 가족으로 입양되는, 하나님 아버지의 나라에 관한 복음이다. 하나님 나라에서 우리는 단순히 구원받은 자들이 아니라 왕의 소유를 상속받을 후계자가 된다. 하나님의 나라가 승리하는 그날 그분과 함께하는 특권을 비롯해 모든 것을 물려받게 된다.

이게 진짜 좋은 소식이다!

하나님 나라에서는 화장실 물도 항상 잘 나온다

하나님 나라가 완전히 임하는 그날에는 그 누구도 슬퍼하거나, 학대받거나, 무시당하지 않을 것이다. 모두가 한가족이 될 것이다. 소외당하는 사람이 아무도 없을 것이다. 모든 사람이

용납될 것이다. 모든 사람이 어떤 압박도 받지 않고 각자가 의미 있는 일을 하게 된다. 아프거나, 처지가 딱하거나, 굶주리는 사람이 사라질 것이다. 모두가 안전하고, 기쁨이 넘치며, 감사하며 살 것이다. 정치권의 다툼이나 부패가 사라지고, 성직자와 상담사, 교도소가 더는 필요하지 않다. 모든 사람이 죄에서 해방되고, 두려움에서 해방되고, 이기심에서 해방된다. 의무적으로 기도하거나 어둠의 세력에 맞서 싸우지 않아도 되고, 예수께 가기 위해 누군가의 도움을 받을 필요도 없다. 악한 자들은 영원히 추방될 것이다. 모든 것이 완벽해지는 세상이 온다. 하나님 나라에서는 화장실 물도 항상 잘 나올 것이다. 이것이 마지막 때 예수께서 이 세상 나라를 없애신 후 세우실 하나님 나라의 모습이다.

하지만 지금 이곳은 두 왕국이 주도권을 다투는 팽팽한 긴장 상태에 놓여 있고, 우리는 그 속에서 산다. 예수는 "세례 요한의 때부터 지금까지 천국은 침노를 당하나니 침노하는 자는 빼앗느니라"(마 11:12)라고 말씀하셨다.

이는 예수께서 말씀하신 것이 사실이라는 증거다. 하나님의 나라가 가까이 왔으므로 이제 우리가 그 나라에 접근할 수 있지만, 싸우지 않고서는 그 나라를 얻기 힘들다. 우리는 사람들을 억압에서 구제하고, 불의를 당한 사람을 위해 싸워 줄 수 있다. 도움이 필요한 사람들에게 손을 내밀고, 아프고 학대받은 사람들에게 치유의 손길을 베풀 수 있다. 우리는 사람들을 입양하고, 직장

믿음을 살다

찾는 일을 돕고, 한 사회의 공동체로 받아 주고, 용납해 줄 수 있다. 어둠의 세력에 맞서 기도하며 싸울 수 있고, 심지어 화장실도 고칠 수 있다! 하지만 이런 일은 바로 일어나지 않는다. 복음은 당신이 하나님의 일에 참여할 때 언제 어디서든 나타날 것이다.

당신은 아이티 지진 소식을 접한 후 이 나라의 형편과 상황에 관해서도 이야기를 전해 들었을 것이다. 플로리다 해안에서 얼마 떨어지지 않은 곳에 있는 이 나라는 세계에서 가장 가난한 나라에 속한다. 실업률이 85%에 이르고, 부두교(voodoo)라는 정령 숭배 사상이 국가 종교처럼 여겨지고 있다. 10만 명 이상의 목숨을 앗아간 대지진이 발생한 후로는 그 땅이 하나님 나라와 그분의 통치에 강력히 저항하는 것처럼 보인다.

하지만 그렇지 않다! 나는 하나님의 사람들이 결성한 '콘보이 오브 호프(Convoy of Hope)'라는 구호단체와 아이티를 방문할 기회가 있었다. 이 NGO 단체는 매일 6만 명의 아이들에게 식사 한 끼를 제공하고 있다. 임시방편만 쓰고 있는 건 아니다. 지역 농민들이 곡식을 생산해 국내 식량 문제를 해소할 수 있도록 지원을 아끼지 않는다. 학교에 전혀 가지 못하는 아이들을 위해 학교 수백 곳도 지어 주었다. 하나님 나라의 사명을 띤 교사들이 아이들에게 먹을 것은 물론, 사랑과 따뜻한 미소와 진짜 희망을 안겨 주었다. 이것이 진정 하나님 나라 호위대(God's kingdom Convoy)의 활동이다! 복음은 전 세계에서 항상 일어나고 있다. 하나님 나라가 가까이 왔다!

당신의 새로운 복음

　한때 나는 폭죽 판매하는 일을 했다. 그 일이 재미있었다. 오리건(Oregon) 주를 돌아다니면서 폭죽 판매대를 설치했고 재고품을 가득 채워 두었다. 그런데 건기가 시작되자 주 정부는 폭죽놀이를 전면 금지했다. 그렇다고 폭죽 사업을 그만둘 순 없었다. 금지령이 언젠가는 해제될 거라 믿고 폭죽을 계속 팔려고 했다. 그러나 일은 순조롭지 못했다. 나는 꽤 의기소침해 있었다. 솔직히 의욕이 완전히 상실되었다. 다시는 폭죽을 팔 수 없을 거라 생각했고, 폭죽을 한 상자씩이나 구매하는 사람이 나타나도 그 폭죽을 사용이나 할 수 있겠냐는 의심이 들었다. 난 아무도 구매하고 싶어 하지도 않고, 구매하지도 않을 폐품을 갖고 있었다.

　그 폭죽이 바로 옛 복음과 닮았다. 옛 복음은 전혀 흥미가 가질 않는다. 사람들이 왜 옛 복음에 대해 중요성을 느끼지 못하는지 전적으로 이해된다. 교회 출석, 지옥에 대한 공포, 도덕률, 사회적 평가, 사유화되고 소비화되고 파편화된 신앙을 강조하는 복음은 그 누구도 원치 않는다. 당신도 마찬가지일 것이다. 하지만 예수와 하나님 나라에 대한 복음은 언제든 팔아야 할 것이다.

　복음은 우리 삶에 예수를 받아들인다는 소식이 아니다. 복음은 예수께서 우리를 받아들이고 우리가 이제 그분의 삶을 살 수 있다는 소식이다. 이는 성육신을 선택하는 것이다. 단지 그리스도인이 되는 것이 아니라, 성육신하여 세상에 구원을 가져다준

믿음을 살다

그리스도를 통해 하나님의 초대에 실제로 응하는 것이다. 이것이 진짜로 주목해야 할 복음이다! 날마다 의미 있는 삶을 살고 당신이 만나는 모든 사람에게 거룩한 변화가 일어난다. 그러므로 매 순간이 하나님 나라가 임하는 기회로 이어진다. 이건 진짜 굉장한 뉴스다!

그래서 예수께서 마태복음 13장 44절~46절에 이렇게 말씀하셨다.

> "천국은 마치 밭에 감추인 보화와 같으니 사람이 이를 발견한 후 숨겨 두고 기뻐하며 돌아가서 자기의 소유를 다 팔아 그 밭을 사느니라. 또 천국은 마치 좋은 진주를 구하는 장사와 같으니 극히 값진 진주 하나를 발견하매 가서 자기의 소유를 다 팔아 그 진주를 사느니라."

이 지점에서 성육신적인 삶을 추구하는 과정 가운데 주의해야 할 점이 한 가지 있다. 로마서 15장 20절에서 사도 바울이 말했던 것처럼, 그리스도의 이름이 알려진 곳 말고, 알려지지 않은 곳에서 복음을 전해야 한다. 남이 닦아 놓은 터 위에다가 집을 지어서는 안 된다. 사람들에게 옛 복음을 좋은 소식처럼 전하지 말자. 인류에게 구원을 가져다주기 위해 이 땅에서 먹고 숨쉬고 살아간 하나님의 이야기, 다시 말해 가장 오래되었지만 '새로운' 복음으로 우리가 먼저 새로워져야 한다.

생각

누가 "복음이 뭐예요?"라고 물으면 어떻게 대답할 것인가? 당신의 대답이 그 사람의 내세에, 그리고 현세의 삶에 얼마나 많은 영향을 미칠까?

 느낌

예수의 복음 중 어떤 부분이 그리스도를 모르는 친구들에게 좋은 소식이 될 수 있을까? 누군가 당신의 세계에 천국을 가져다준다면 어떤 느낌이 들지 상상이 되는가?

 실행

살아오면서 당신이 받아들였던 복음의 특징들을 적어 보자. 그중 좋은 소식에는 동그라미를, 나쁜 소식에는 X를 표시하자. 혹시 당신이 나쁜 소식을 전했던 사람이 있다면 적어도 한 명에게라도 사과문을 작성해 보자.

4

성육신에 대한
거짓말

●

실제 전투

　　20년 전 결혼 생활을 시작한 후로 아내 셰릴
(Cheryl)과 나는 하루에 두 번씩 함께 커피를 마시는 시간을 가지
려 했다. 아침에는 커피를 마시면서 잠을 깨우고 마당에 뛰노는
강아지들을 보면서 그날 일과에 대해 가볍게 이야기를 나누는
시간을 갖는다. 스물네 살 먹은 아들 라이언(Ryan)이 있는데, 자
세한 건 나중에 말하기로 하고 지금은 아들에게 간질이 있다는
것만 말해 두려고 한다. 그래서 우리 부부는 보통 두어 시간 밖
에 잠을 못 자고 일어나 아침에 커피를 홀짝이는 경우가 많았다.
아들이 몇 주 동안 매일 밤 발작을 일으킬 때는 진한 자바 커피
의 맛과 향을 제대로 음미할 수 없었고 그냥 커피를 목구멍으로
넘길 뿐이었다. 그래서인지 솔직히 아침에 먹는 커피는 별로 좋

아하지 않는다. 난 아침에 잠에서 깨면 내성적이고 무뚝뚝한 사람이 되어 있다. 그래서 외향적인 아내가 대화를 나누자고 하면 활기를 일으키는 훈련으로 받아들인다. 두 번째로 커피를 마시는 시간은 보통 오후 4시쯤이다. 이때는 그날 우리 가정 안에서 일어난 일들을 떠올려 보기도 한다. 오후의 티타임이 가장 기다려지는 시간이다. 지금까지 우리의 가장 좋은 비전과 계획, 꿈과 아이디어들이 이 시간에 떠올랐다. 가족이 함께 휴가를 떠나길 꿈꿨고, 라이언이 점점 나아지길 소망했다. 딸들의 생활, 교회 일들, 한 주에 한 번 모이는 가족 모임(그래, 한 달에 한 번이라고 하자), 그 밖에 많은 소망의 기회들을 생각했다.

돌이켜 보면 우리의 꿈 대부분이 실현되지 않았다. 아이들 각자가 일정이 있었고, 재정적인 한계도 무시할 수 없는 문제고, 교회 사역도 계속 신경 써야 해야 했다. 물론 아들 라이언의 몸도 매우 좋지 않았다. 이러한 현실적 이유로 우리는 계획한 바를 쉽게 이루지 못했다.

2011년 가을에 들어서면서 마침내 모든 게 바뀌었다.

정말 우연히 우리는 장애를 가진 성인들을 위해 350명 정도가 함께 할 수 있는 농장 체험 프로그램을 발견했다. 라이언도 이 프로그램에 참여할 의사를 밝혔고, 비로소 영원히 머물 것 같았던 좁은 방에서 벗어났다.

라이언 때문에 마음이 기뻤고, 솔직히 우리 부부가 더 기대감에 들떴다!

이제 바닥 위에 축 늘어진 아들을 옮기느라 집 안에서 동분서주하지 않고 차분히 데이트를 즐길 수 있다. 딸들이 우리와 함께 무언가를 하자고 할 때 더 이상 거절하지 않아도 된다. 이제 우리는 공식적으로 아이들을 다 키워 내보낸 '홀로 남은 부부(empty nesters)'처럼 된 것이다. 내 마음속 흥분을 도저히 감출 수 없었다.

라이언의 프로그램 참여가 확정되자, 나는 아내에게 오후 티타임 때 앞으로 우리가 시간을 어떻게 보낼지 계획을 세우자고 했다. 바깥 현관 앞에 앉아 커피를 마시면서 내가 이야기를 꺼냈다. "여보, 우리가 평생 다시없을 여행을 다녀오면 어떨까? 한 6개월 정도 안식 기간을 갖고 싶어. 처음 3주는 프랑스에서 '투르 드 프랑스(Tour de France, 매년 프랑스에서 열리는 국제 사이클 경기 – 역자 주)'를 구경하고, 다음에는 '영불(英佛) 해저 터널(Chunnel)'을 통해 영국으로 넘어가는 거지. 그리고 '브리티시 오픈(British Open, 영국 골프 선수권 대회 – 역자 주)'을 보러 스코틀랜드로 올라가는 거야." 아내가 다소 황당하다는 듯 쳐다봤지만, 나는 아랑곳하지 않고 말을 이어 갔다. "그리고 거기서 백파이프 연주를 배울 거고, 스카이다이빙도 해볼 거야. 로키 산맥에 올라가면 푸 만추(Fu Manche)라고 불리는 소도 탈 수 있다더군!" 아내는 내가 잔뜩 짜 놓은 치밀한 여행 계획에 그다지 감동하는 눈치가 아니었다.

천천히 바닐라 크림 커피를 후루룩 마시는 소리만 들렸다. 아내는 커피 잔을 내려놓고 이렇게 말했다.

"여보, 우리가 이 모든 걸 계획하기 전에, 먼저 미래를 위해 기도하는 게 어떨까요?"

나는 0.1초도 생각하지 않고 불쑥 말을 내뱉었다.

"아니, 절대! 난 여행 계획에 대해선 절대 기도하지 않을 거야. 맘껏 놀고 쉴 기회를 가까스로 잡았는데, 하나님이 방해하지 않았으면 좋겠어! 우리는 그냥 우리 시간을 보내면 되고 하나님은 그동안 다른 사람들에게 사역을 맡기시면 되잖아!" 내가 분통을 터뜨리자 아내는 놀란 토끼 눈을 하며 나를 쳐다보았다.

"우리가 그분의 의견을 물으면 아마 콩고로 보내서 보육원 사역이나 청소년 사역을 하라고 하시겠지. 최악의 경우에는 당신이 임신해서 우리가 모든 걸 다시 시작해야 할지도 모르고!"

아내도 마침내 입을 열었다.

"저도 몇 주 쉬면서 투르 드 프랑스를 보러 가면 좋겠어요. 또 그렇게 할 수 있을 거고요. 하지만 지금은 사람들을 도와야 할 때인 것 같아요. 이제 집 없는 십대들에게 우리 집을 개방할 수도 있고 보육원 형태로 운영할 수도 있잖아요."

"젠장, 나도 알고 있다고!"

당신은 이것을 할 필요 없다!

복잡한 상황, 골칫거리, 싸움, 책임 등을 피할 수 있는 선택권이 주어지면 보통 우리는 피하고 본다. 안타깝지만 오늘날의 삶이 그만큼 팍팍하다. 세상 문화는 우리에게 안식일을 허락하지 않는다. 주중에는 매일 밤 축구 경기를 시청해야 하고, 주말에는 토너먼트 경기를 죄다 챙겨 보느라 바쁘다. 우리는 소위 교회 생활과 선교적인 삶에 헌신해야 한다는 이야기를 듣는다. 아마 친구들에게 가서 전도해야 한다는 말일 것이다. 그런데 그 친구들은 나보다 더 바쁘다.

사람들 대부분은 휴식이 필요하다! 내 친구 하나가 자기 아내와 생각해 낸 멋진 비밀 하나를 알려주었다. 동네 큰 교회에 아이들을 맡겨 두고 부부가 짧은 영화를 보러 가거나 간단히 외식을 즐기는 것이었다. 나는 그에게 "아, 끔찍하네."라고 말했다. 그러자 친구는 "응, 나도 그렇게 생각해. 근데 교회가 사람들에게 아이에게서 떨어져 휴식을 취하도록 돕지 못하면 무슨 소용이겠어?" 나도 그 말을 인정할 수밖에 없었고 친구의 탁월한 지략에 감탄했다.

태곳적부터 우리 인간의 머릿속에는 작은 음성이 존재해 왔다. "이봐, 넌 성육신할 필요가 없어. 사실 시간도 없고 잘 되지도 않을 거야. 그러니 그냥 네 생활로 돌아가서 먹고 살 궁리나 하라고."

이러한 거짓말 뒤에는 마귀가 숨어 있을 것으로 생각하지만, 우리 자신의 머릿속에서 들려오는 음성이기도 하다. 심지어 기독교 공동체 안에서도 이런 음성이 떠돌아다닌다. 다음은 어떤 사람이 내게 보내 준 글이다. 이 글을 읽은 뒤 사람들을 성육신적인 삶으로부터 멀어지게 만드는 교묘한 오해를 파악할 수 있는지 스스로 시험해 보라.

"저는 '성육신적인(incarnational)'이라는 용어에 대해 생각해 보았습니다. 우리의 손과 발, 눈과 입이 우리가 믿는 교리에 따라 행하고 살아가야 한다는 것을 인정합니다. 하지만 '성육신(incarnation)'이라는 용어는 하나님이 인간이 되신 유일한 역사적 사건을 가리킨다는 것을 깨닫는 게 중요합니다. 아니, 성육신은 성경적인 용어가 아닙니다. 우리가 이 용어의 고유성을 지켜야 하는 몇 가지 타당한 이유가 있습니다. 우선, 하나님의 아들이 신인(神人)인 예수가 되는 것과 내가 예수를 모방해 따라 하는 것을 동일시한다는 건 형언할 수 없이 놀라운 사건을 얕잡아보는 것이나 마찬가집니다. 그러다 보면 심지어 하나님의 아들은 더 작아지고 나는 더 커지는 결과가 나타나죠. 더 중요한 건 이겁니다. 영원히 지옥에 떨어질 죄에서 벗어나기 위해 하나님의 진노를 누그러뜨리려면 하나님의 아들이 완전한 희생 제물이 될 수 있도록 생명을 부여해야 합니다. 이것이 성육신의 주된 목적입니다. 하지만 내가 또 다른 성육신을 만들어 낼 때는 그리스도께서 하나님이 진노를 없앴던 놀랍고 은혜로운 사역에서 초점이 멀어질 위험이 있습니다."

이 목회자는 성육신하신 예수와 그분의 놀라운 희생에 초점을 맞추고 있다. 오직 예수만이 인간의 죄를 위해 죽을 수 있다는 설명은 옳다. 예수의 속죄, 즉 인간의 죗값을 치른 일은 온 우주의 역사를 바꾼 유일무이하고 중요한 사건이다. 예수의 희생이 없었다면 모든 사람이 죄에 매이고 결국 죄 때문에 사망에 이를 것이다. 바로 그 이유로 예수께서 이 땅에 오셨다. 하지만 그것이 유일한 이유는 아니다.

예수는 삶을 살아가려고 이 땅에 오셨다. 새로운 삶의 모델이 되기 위해 이곳에 오셨다. 육체를 입고 어떻게 살아야 하는지 보여 주기 위해 육체를 입고 오셨다. 이것이 이 목회자와 많은 사람이 놓치고 있는 성육신의 온전한 의미다. 예수를 그분의 삶을 통해 보지 않고 십자가의 죽음을 통해서만 보려고 할 때 성육신의 진정한 의미를 간과하게 된다.

십자가가 전부는 아니다

초기 기독교의 상징이 무엇이었는지 아는가? 대부분 십자가라고 생각하는데, 그렇지 않다. 오늘날처럼 십자가가 유명한 상징이 된 건 예수 사후 약 300년, 그러니까 로마 제국이 예수의 이름으로 주변 지역을 정복하면서부터다. 그전까지 주요 상징은 '닻(anchor)'이었다. 왜 닻이었을까? 하나님의 사람, 진정으로 예수를 따르는 자들이 계속해서 도망 다니고, 사명을 수행하고, 고난에 처하고, 기도하고, 공동체를 세우고, 희생과 상실을 경험하면서 안전과 보호를 의미하는 상징이 필요했다. '십자가'가

예수께서 우리를 위해 하신 일에 초점을 맞추고 있는 반면, '닻'
은 우리가 예수를 위해 살 때 그분이 우리에게 어떤 존재인가에
초점을 맞추고 있다. 닻은 '보냄을 받은' 사람들의 상징이다. 십
자가 목걸이를 하는 게 잘못되었다는 말이 아니다. 다만, 십자
가를 예수께서 당신을 위해 하신 일로만 보지 말고 예수께서 당
신에게 허락하신 일로 보자는 것이다. 그러면 머지않아 당신에
게 닻이 필요하게 될 것이다!

> "그의 안에 산다고 하는 자는 그가 행하시는 대로 자기도 행할
> 지니라"(요일 2:6).

이 구절에서 요한은 우리에게 십자가를 지나서 다시 삶으로
들어가라고 외친다. 예수께서 우리의 죄를 위해 죽으셨기 때문
에 우리에게는 그분처럼 살아갈 자유가 생겼다고 말하는 것이
다! 그래서 우리가 그리스도인이라고 주장한다면, 예수의 삶을
모델로 삼아 살아가는 것이 그분에게 영광을 돌리는 방식이 된
다. 성육신적인 삶을 살아가려는 우리의 노력이 하나님의 영광
에 전혀 해가 되지 않는다. 오히려 영광을 드높일 것이다.

교묘한 유혹

육체를 입고 오신 예수를 살펴볼 때 기억해야 할 점이 있다.

믿음을 살다

예수께서 육신의 거짓에 유혹을 받았고, 또 그 유혹에서 벗어났다는 사실이다. 마태복음 4장 1~11절에서, 예수는 40일 동안 아무것도 먹지 않고 광야에 머물러 있었다. 말 그대로 배고파 죽을 지경이었다. 예수께서 힘이 쇠하고 약해진 바로 그때 마귀는 성육신의 사명을 이루지 못하게 하려고 슬그머니 다가왔다.

마귀의 **첫 번째 거짓말은 예수의 식욕을 건드리는 것이었다.** 먹고 생존하는 욕구를 건드리는 것보다 강한 유혹은 없다. 40일이나 아무것도 먹지 못했는데 그깟 돌 몇 개를 빵으로 바꾸는 게 못된 짓인가? 이런 거짓말과 정당화를 다른 식으로 표현하면 다음과 같다.

> 우선 나 자신부터 돌보지 못하면, 어떻게 다른 사람에게 힘이 되어 줄 수 있을까?
>
> 내가 저들에게 시간을 할애하고 도움을 준다면, 분명히 나에게 찰거머리처럼 따라붙어서 내가 가진 걸 쪽쪽 빨아먹겠지.
>
> 나는 아직 내 문제를 가지고 치열하게 싸우는 중이야. 그러니 지금 바로 다른 사람을 도와주지 않는 게 나을 거야.
>
> 우리 공동체에 불신자를 데려올 필요가 있다는 건 알아. 하지만 우선 믿음이 있는 형제자매들과 깊이 교제할 시간이 필요해.

이러한 거짓말들은 모두 우리의 '소비지상주의'적 태도와 깊이 관련 있다. 다른 사람들에게는 아무런 유익도 주지 않으면서 자기 자신은 예수에게서 되도록 많은 걸 빼먹으려고 한다. 이러한 생각과 태도가 우리 안에 알게 모르게 늘 존재한다. 예수는 이 '정당한' 굶주림에 어떻게 반응하셨나? 예수는 이를 악물고 마귀에게 사람은 '배불리 먹는 것'으로 사는 것이 아니라 '배짱'으로 사는 것이라고 말씀하셨다. 예수는 우리가 욕구에 따라 살기보다 하나님의 사명을 가지고 그것에 만족하며 살라고 말씀하신다. 우리는 자기 자신을 돌보는 삶을 살지 않는다. 우리는 타인을 위해 살 때 필요한 모든 것을 채워 주실 하나님을 신뢰한다. 예수께서 말씀하신다.

"그런즉 너희는 먼저 그의 나라와 그의 의를 구하라. 그리하면 이 모든 것을 너희에게 더하시리라"(마 6:33).

두 번째 거짓말은 우리가 하나님을 섬기면 하나님이 항상 우리를 곤경에서 구해 주실 것이라는 말이다. 마귀는 예수를 예루살렘에서 가장 높은 성전 꼭대기로 데리고 갔다. 그곳에서 시편 91편에 나오는 말씀을 인용해 다음과 같이 말했다. "네가 만일 하나님의 아들이어든 뛰어내리라 기록되었으되 그가 너를 위하여 그의 사자들을 명하시리니 그들이 손으로 너를 받들어 발이 돌에 부딪치지 않게 하리로다"(마 4:6). 마귀는 예수를 종교 세계에서 가장 높은 곳에 자리를 잡게 하고는, 뛰어내려도 천사들이 떠받쳐서 길바닥에 떨어져 죽지 않을 거라고 거짓말했다.

종교의 뒤에 숨겨진 거짓말은 다음과 같이 표현될 수 있다.

믿음을 살다

하나님이 함께하시면 나와 우리 가족에게 필요한 모든 것을 제공하고 안전하게 지켜 주실 거야.

하나님을 위해 사역을 하려고 했는데 생각처럼 잘 안 되었어. 그러니 다시는 그런 위험을 감수하지 않을 거야.

다른 그리스도인들은 성육신적인 삶을 살지 않는데도 잘 살고 있는 것 같아. 나도 특별히 애쓰지 말고 저들처럼 사는 게 낫겠어.

하나님의 사역을 감당하며 신앙으로 살아갔던 지난 20년을 돌이켜보면서 한 가지 결론에 이르렀다. 복음으로 살아가려면 비용이 든다는 것이다! 예수를 따르려면 에너지, 시간, 돈, 친구, 그리고 그보다 더 많은 것을 잃을 수 있다. 작년에 내 딸 매케나가 학교에서 한 남학생에게 맞은 일이 있었다. 매케나는 그 남학생과 그의 여자 친구가 싸우는 걸 말리려고 했었다. 그 여자 친구는 매케나의 절친한 친구였다. 남학생은 내 딸을 돌아보더니 딸의 머리를 자동차 쪽으로 세게 밀었다. 그 일이 있기 바로 두 달 전에 의사는 딸아이 머리에 또 충격을 줄 경우 하키를 그만둬야 한다고 했었다. 매케나는 상태가 점점 나빠져 하키를 그만두게 되었다. 그리고 일 년이 지난 지금도 딸은 본래의 활기찬 모습으로 완전히 돌아오지 못하고 있다. 당연히 나는 그 남학생 녀석과 그녀석의 가족들을 이 우주 밖으로 쫓아버리고 싶었다. 화가 난 나는 딸에게 그 남학생이 어디 사는지 물었지만, 딸은 주소를 알려 주지 않았다. 매케나와 나는 집으로 돌아왔고, 내가 딸아이 침대 옆에 앉자 딸이 이렇게 말했다.

"아빠, 아빠는 항상 저한테 '피스메이커(peacemaker)'가 되라고 했잖아요. 그런데 그게 아무 고통 없이 된다고 생각하세요?" 그 말에 나는 뜨거운 눈물을 흘렸고 어른스러워진 딸이 너무도 자랑스러웠다. 하지만 내가 예상했던 것보다 비용이 훨씬 많이 들었다.

히브리서 12장 1절 말씀이 우리에게 힘을 준다.

"이러므로 우리에게 구름 같이 둘러싼 허다한 증인들이 있으니 모든 무거운 것과 얽매이기 쉬운 죄를 벗어 버리고 인내로써 우리 앞에 당한 경주를 하며."

누가 우리를 지켜보는 구름 같이 둘러싼 허다한 증인들일까? 그들은 부자도 아니고 세상의 존경을 받는 사람도 아니고 사역에서 괄목할 만한 성공을 거둔 사람들도 아니다. 예수를 섬기느라 많은 것을 잃어버린, 영광스러운 믿음의 사도들이다. 하나님을 위해 자신의 모든 것을 포기하고 목숨을 잃은 수많은 사람이 바로 그들이다.

나는 얼마나 많이 커피 테이블에 앉아 사람들에게 예수를 따르는 삶을 살라고 격려했는지 모른다. 교회 안에서 또는 다른 그리스도인으로부터 상처를 받거나 사역하다가 실패를 하면 대부분 하나님을 탓하고 싫증을 내고, 그러다가 제 힘으로 다시 감정을 추스른다. 그러나 나는 이런 경험을 한 사람들이 발전하도

믿음을 살다

록 격려하는 방법을 알아냈다. 신앙생활 중 쓰라린 경험을 했던 다른 사람들에게 자신의 이야기를 나눌 때 얻게 되는 기쁨을 알게 하는 것이다. 당신이 천국에서 '치유 모임'에 참석해 아브라함, 모세, 라합, 베드로, 바울, 그리고 예수와 함께 한 명씩 돌아가며 이야기를 나눈다고 상상해 보라. 그 자리에서 당신은 마음의 상처를 내보이면서 하나님을 위해 시도했지만 실패한 이야기를 모두 털어놓는다. 그렇게 우리가 겪은 실패들은 명예의 훈장을 달게 된다! 삶의 이야기를 아름답게 만드는 것은 우리가 신앙으로 이끌었던 사람도, 우리가 성장해 온 교회도, 우리가 도와준 가난하고 고통받는 사람들도 아니다. 우리의 이야기를 중요하게 만드는 것은 비록 자신이 하는 일이 영광스러워 보이지 않더라도 영광의 왕께 매일 매 순간 뛰어드는 것이다! 마태복음 4장 7절에 예수는 마귀에게 이렇게 대답하셨다. "또 기록되었으되 주 너의 하나님을 시험하지 말라 하였느니라." 이는 마귀를 꾸짖기만 하는 말씀이 아니었다. 자기 보호 대신 성육신의 길을 선택한 사람들은 주의 영광을 볼 것이므로 성육신은 우리를 인간의 낮은 자리에 처하게 하고 거기서 죽게 한다는 말씀이었다.

세 번째 거짓말은 '진짜 영향력 vs. 가짜 영향력'에 대한 것이다. 이번에 마귀는 예수를 높은 산으로 데려가서 아무것도 하지 않아도 전 세계를 다스릴 통치권을 주겠다고 했다. 스위치만 딸각 켜도 온 세상에 영향력을 미칠 기회를 제공하겠다는 말이다. 이런 유혹을 받은 건 이번만이 아니었다. 사역하면서 지름길로 쉽게 가고 싶었던 유혹과 몇 번이고 싸워야 했다. 예수께서 수천 명을 먹인 뒤, 꽤 많은 무리가 예수를 따랐다.

"그 사람들이 예수께서 행하신 이 표적을 보고 말하되 이는 참으로 세상에 오실 그 선지자라 하더라. 그러므로 예수께서 그들이 와서 자기를 억지로 붙들어 임금으로 삼으려는 줄 아시고 다시 혼자 산으로 떠나 가시니라"(요 6:14~15).

사람들은 영향력을 갖고 싶어 한다. 자기 '페이스북'과 '블로그'의 방문자 수와 '트위터'의 팔로워 수가 몇 명인지 센다. 교역자들은 주일 교회 예배 출석 인원수와 연간 인원수 통계를 살핀다. 자신이 이 흐름을 주도할 수 있다고 생각하면서 말이다. 예수를 따르던 수많은 무리는 그분의 영향력을 이용해 자신들이 원하는 지도자를 만들어내려고 했다. 하지만 **예수는 진짜 영향력은 사람들을 한 사람 한 사람 '제자'로 만들어야 비로소 얻을 수 있다는 사실을 아셨다.**

마귀의 계략을 눈치챈 예수는 이렇게 말씀하셨다. "사탄아 물러가라. 기록되었으되 주 너의 하나님께 경배하고 다만 그를 섬기라 하였느니라"(마 4:10). 예수는 지름길과 허세를 거절하고 소수의 무리와 함께하는 삶을 선택하신 것이다. 이번에 마귀는 예수께 온 세상을 주려고 산꼭대기를 오르게 했지만, 나중에 예수는 세상에서 벗어나기 위해 산 위에 오르셨다.

마귀의 거짓말은 결국 이렇게 끝이 난다. 마귀는 무슨 짓을 저질러도 십자가를 막을 수 없다. 사람들이 예수 안에서 참 자유를 누리는 걸 방해할 수 없다. 하지만 마귀는 사람들이 십자가를 지날 수 없을 거라고 거짓말을 하면서 줄곧 우리를 속여 왔다. 마귀와 그의 졸개들은 사람들이 예수를 자신의 '구원자'로 인정하는 걸 좋아하진 않지만, 그래도 예수를 '주인'으로 여기지 않는 한 그것에 만족할 것이다.

예수처럼 '보냄을 받다'

어디든 성육신적인 삶을 살아가는 데 가장 큰 문제는 '시간'이다. "휴 목사님, 저는 이 모든 걸 더 열심히 해야 한다는 걸 잘 알고 있어요. 그런데 할 일이 산더미처럼 쌓여 있어서 사람들에게 시간과 에너지를 충분히 쏟을 수가 없어요." 이런 이야기를 들을 때마다 나는 이렇게 대답한다. "하지만 우리는 누구나 시간을 내어 사람들을 만나는 시간제 사역자(part-time missionary)가 되어야 합니다."

사역(missionary)은 '보냄을 받는 것(sent one)'이다. 세상에 소망을 전하기 위해 사람을 보낸 하나님의 이야기는 예수에서 시작하거나 끝나지 않았다. 노아와 그의 가족이 새로운 삶의 희망을 필요로 할 때, 하나님은 올리브 나무의 가지를 보내셨다. 하나님의 백성이 광야에서 굶주리고 있을 때, 하나님은 매일 만나를 보내셨다. 이스라엘 사람들이 적군에 둘러싸여 있을 때, 하나님은 전염병을 보내고 심지어 적들을 몰살시켰다! 이스라엘 사람들이 불순종으로 도성과 살림이 폐허가 되었을 때, 하나님은 선지자들을 보내셨다. 그리고 최후의 카드로 하나님은 예수를 이 땅에 보내셨다. 예수께서 사역을 완수하자 원수의 거짓이 박살나고 인간의 무감각증이 깨졌다. "아버지께서 나를 보내신 것 같이 나도 너희를 보내노라"(요 20:21).

그렇다면 어떻게 '시간제 사역'을 할 수 있는가? 당신이 있는 바로 그 자리를 사역지로 봐야 한다. 예를 들면, 학교 운동부에서 활동하는 아이를 둔 부모라면 많이는 아니더라도 다른 부모들처럼 일주일에 두세 번은 관중석에서 응원해야 한다. 이 사역을 감당하려면 10시간이 필요하다. 당신이 학생이라면 학교 복도를 이동하거나 사람들과 과외 활동을 하는 데 적어도 한 주에 5시간은 필요하다. 친구들과 함께 공부하는 데도 10시간 정도 필요하다. 직장이나 학교에서 끝나고 커피숍이나 펍(pub, 주로 맥주를 마시며 담소를 나누는 만남의 공간이다. 미국에서 카페는 개인의 사색적 공간, 아이폰 끼고 조용히 책 읽거나 인터넷 하는 공간이라면, 펍Pub은 대중적이며 친교적인 공간이어서 토론이나 대화가 가능한 공간이다. 최근 미국에서는 theological pub이 시도되고 있기도 하다 . – 역자 주)에 들를 수 있는데, 이 사역지에서도 한 주에 2시간에서 5시간은 보낸다. 물론 우리가 살고 있는 집도 있다. 솔직히 가정에서 보내는 모든 시간을 사역하는 시간으로 여기긴 힘들다. 하지만 뒤뜰에 있던 바비큐 그릴을 앞뜰로 가져와 가족들과 함께 식사하면서 대화를 나누면, 집에서 훌륭한 사역을 하는 데 5시간을 보내는 것이 된다. 이렇게 보면 미국인들은

민음을 살다

일주일에 평균 20시간 정도를 사역하는 데 사용하게 된다. 하나님의 보내심에 순종하면 이 사역들을 감당할 수 있다.

하나님은 우리와 대화하기 귀찮아서 교리나 쉬운 정답을 보내 주시는 '타입'이 아니다. 우리에게 일을 시키려고 목사를 보낸 것도 아니고, 하나님의 일을 하는 데 안전하게 지켜 주려고 교회 건물을 보내 주신 것도 아니다. 그분이 바라는 것은 그보다 더 깊숙한 곳에 있다. 하나님은 늘 우리가 당신께 돌아오는 데 도움이 되는 것을 주신다. 성육신의 삶은 우리가 하나님의 보내심을 따라 사람들을 도우려 할 때 이루어진다. 하나님은 피터를 돌보시기 때문에 스티브를 보내실 것이다. 제니퍼를 사랑하기 때문에 에밀리를 보내실 것이다. 당신은 그분의 보내심을 따르겠는가?

이제 거짓말을 내던져 버리고 예수가 살았던 그 삶을 살라!

생각

마귀의 세 가지 거짓말 중 어떤 것이 당신을 가장 강하게 사로잡는가?

_____

_____

 느낌

다음 문장의 빈칸을 채워 보자.

성육신적으로 사는 것에 대해 생각할 때, 가장 두려운 것은

_____ 이다.

성육신적으로 사는 것에 대해 생각할 때, 가장 기대되는 것은

_____ 이다.

 실행

당신의 상처를 드러내자. 하나님을 위해 헌신한 일 중 실패한 것을 목록으로 작성하자. 잠시 시간을 내어 이 목록에 대해 당신이 어떻게 느끼고 있는지 돌아보자. 이제 이 목록을 하나님께 넘기고, 그분의 삶을 살도록 육체를 허락하신 하나님께 감사한다는 의미로 스스로 파티를 열거나 아이스크림을 사 주자.

_____

_____

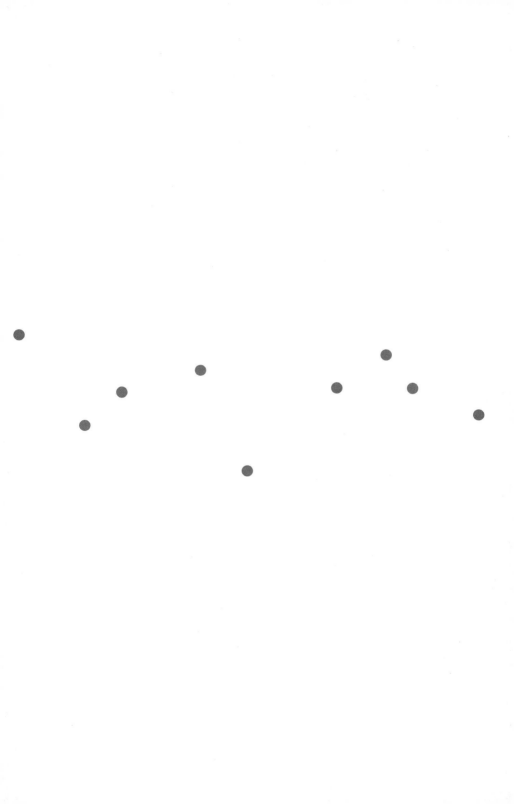

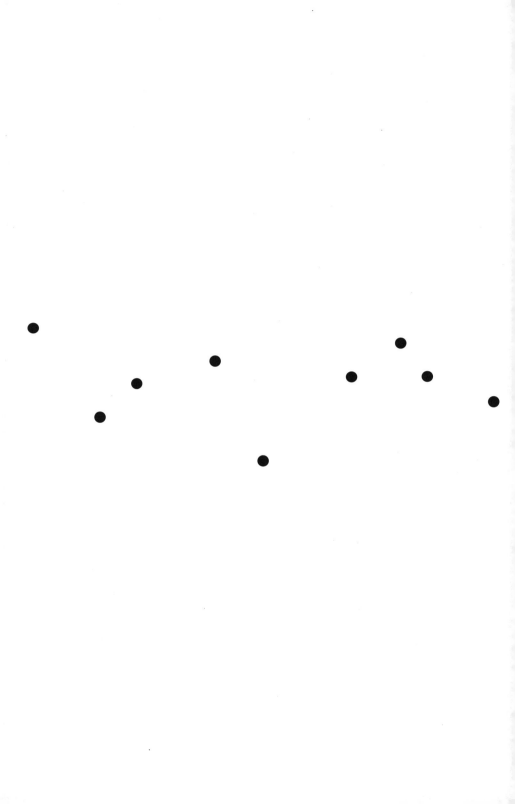

PART II

평판
Reputation

실제로 있었던 이야기다. 시간은 새벽 1시였다. 여느 때와 마찬가지로 나는 2층 침실에 누워 있었고, 옆에는 아내가 자고 있었다. 갑자기 나의 렘수면(REM) 상태를 뚫고 침실 문밖 복도에서 남자 두 명의 목소리가 들려 왔다. 비몽사몽인 채로 나는 아내를 톡톡 치면서 말했다.

"여보, 가서 저 사람들 뭐라고 하는지 좀 들어 봐." 그 순간 갑자기 내가 비겁한 사람이 된 것 같아 일어나 소리가 나는 쪽으로 비틀거리며 가 보았다.

내가 무엇을 입고 있는지 생각할 겨를도 없었고(옷을 많이 입고 있진 않았다), 가지고 있는 무기라곤 나쁜 입 냄새밖에 없었다. 그런데도 나는 그 어둠 속에서 침입자들에게 다가갔다.

"휴 목사님... 쏘지 마세요. 저희 크리스와 매트예요."

아내가 내 뒤를 따라 복도로 나왔고, 크리스가 계속 말을 이었다.

"집에 함부로 들어와서 죄송해요. 다름이 아니라 알리(이제 막 대학에 들어간 첫째 딸이다)에게 문제가 생겼어요. 알리가 옥수수밭에 들어갔는데 길을 잃고 헤매고 있대요. 지금 엄청나게 겁에 질려 있어요. 알리가 매케나에게 전화했는데 매케나도 겁을 먹고 저희한테 전화했어요. 그래서 이렇게 말씀드리려고 왔어요!"

아내와 나는 잠이 확 달아났다! 나는 냉정함을 잃지 않으려고 했지만, 아빠의 마음은 이미 데프콘 1단계(DEFCON 1, 군사상 방어 준비 태세에서 전시에 돌입하는 가장 위험한 상황 - 역자 주)에 돌입해 있었다. 마치 공포 영화에 나오는 살인마 프레디 크루거(영화 〈나이트메어〉에 나오는 연쇄살인범)가 길고 날카로운 칼날 손가락을 휘두르며 겁에 질린 내 딸을 쫓고 있는 기분이었다.

천만 다행히도 현실의 이야기는 우리 상상처럼 극적이지 않았다. 하루가지나고 나는 크리스와 트럭을 타고 가면서 이렇게 물었다. "너희는 왜 초인종을 안 누르고, 차고를 통해 들어왔니? 하마터면 총 맞아 죽을 수도 있었다구!"

크리스는 입술을 오므리며 혼란스러운 표정을 지으며 말했다. "글쎄, 잘 모르겠어요. 왜 그랬는지 생각해 봐야겠네요."

바른 길이 중요하다

남자가 미래의 신부에게 반지를 어떻게 주든지, 프랑스 요리사가 값비싼 생선 요리를 얼마나 우아하게 접시에 담아내든지, 낚시꾼이 얼마나 부드럽게 미끼를 몬태나 계곡에 던지든지 모두 다 무언가를 제공하는 것이다. 이번 장 '평판(Reputation)'은 예수께서 얼마나 성공적으로 인간 세계에 들어와 사람들과 함께 살아가셨는지 보여 줄 것이다. 예수를 싫어하는 적들도 있었지만, 저잣거리의 평범한 사람들은 예수를 좋아했다. 예수는 완전한 인간이 되셨고 지역 주민과 동화되었다. 예수는 자기 직업에 충실하고, 동네 사람들과 파티를

믿음을 살다

즐기고, 모든 사람에게 마음을 열고, 종교적 장벽과 사회적 장벽을 허물면서 사람들에게 좋은 평판을 얻었다. 힘겨워하는 사람들을 위해 함께 싸워 주었고, 세상에서 가장 거룩한 분이었지만 타인을 거의 비난하지 않았다. 그는 진정한 우상 파괴자이자 인습 타파자였다. 예수는 십자가에 달리기 전 3년의 공생애보다 10배 이상 많은 30여 년의 세월을 살았다. 예수의 삶은 우리가 현재 어떻게 살아야 하는지 보여 주는 지표다. 다음에 살펴볼 내용은 예수처럼 '뒷골목에서 통하는 평판(street cred)'을 얻는 데 도움을 줄 것이다. 또 평범하고 일상적인 삶이 하나님께 영광을 돌리고 사람들과 대화를 시작하는 데 완벽한 조건이라는 사실도 알게 될 것이다.

성육신에는 늘 좋은 '평판'이 뒤따라야 한다.

5

아기였고
소년이었고
빈털터리였던 예수

●

인간

되어 가기

나는 사람들을 관찰하는 것을 좋아한다. 거의 매주 출장을 가기 때문에 무수히 많은 시간을 공항이나 비행기 안에서 보내는 행운을 누린다. 내가 가장 좋아하는 취미는 인간이라고 불리는 생명체들의 하루하루 패턴을 주의 깊게 살펴보는 것이다. 한 가지 알게 된 사실은, 누군가가 자기를 보고 있다고 생각하면 사람들은 보통 옷매무시를 가다듬는다. 자세를 똑바로 세우거나 언행을 조심하거나 감정을 통제하려고 애쓴다. 여자들은 보통 화장품을 다시 바르려고 파우치를 꺼낸다. 잘못한 아이에게 화가 난 부모는 어떻게든 목소리를 낮추려고 한다. 공공장소에서 애정 표현을 하던 연인들도 행동을 자제한다.

하지만 누군가 보고 있다는 사실을 까맣게 잊어버릴 때는 전

믿음을 살다

혀 다른 광경이 펼쳐진다.

가끔 화가 난 부모가 공항에서 그러는 경우가 있다. 이마에 핏대가 설 정도로 뚜껑이 열린 부모가 이를 악문 채 두 살배기 아이를 한 손으로 붙잡고 테더볼(tetherball, 기둥에 매단 공을 라켓으로 치고받는 게임 – 역자 주)을 하듯 후려치면서 괴성을 지른다. "엄마가 그러지 말라고 했잖아!!" 대합실에서 립스틱을 다시 바른 여자가 있었다. 비행기에 탑승하고 보니 바로 내 옆자리에 그녀가 있었다. 그런데 비행기가 출발하고 10분도 안 돼 그녀는 곯아떨어졌다. 머리는 한쪽으로 꺾이고 입은 헤벌리고 있었다. 침이 한 10cm는 늘어졌다. 인간이 본능대로 행동할 때는 마치 주위에서 아무도 자기를 쳐다보지 않는다는 듯 코를 후비고 이를 쑤시고 거울을 들여다본다. 인간은 참 재미있는 동물이다!

이 책에서 성육신의 삶을 살펴볼 때 인간에 관해 이야기하는 부분은 재미있겠다고 생각했다. 조금 있으면 하나님이 우리와 똑같은 사람이 되었다는 사실에 입이 떡 벌어지게 놀라게 될 것이다! 우리는 예수의 짧은 공생애를 들여다보는 걸 좋아한다. 마치 유명한 운동선수가 팬들과 악수하거나 중세 시대에 왕이 화려한 궁전에서 벗어난 무지렁이 백성들 앞에 잠깐 모습을 나타내는 것처럼 말이다. 하지만 예수께서 실제로 우리처럼 진짜 인간이었고 육체를 입고 있었다는 사실은 잘 인정하지 않는다.

사람들은 항상 이 문제를 가지고 씨름했다. 왜냐하면, 그토록 완전한 신적 존재가 어떻게 이토록 불완전한 인간의 모습을 할 수 있는지 도무지 이해할 수 없기 때문이다. 이 문제뿐 아니라 그분이 우리처럼 되었기 때문에, 그럼 우리는 어떤 모습이 되어야 하는지도 고민해야 한다. 우리는 지금보다 더 하나님과 같아지도록 노력해야 하는가? 우리의 인간됨을 완전히 부정하거나 경시하고 좀 더 종교적으로 행동해야 한다는 건가? 진짜 그런가? 어떤 사람들은 예수가 우리처럼 되었으므로 우리도 예수처럼 될 수 있다고 말한다. 뭔가 그럴듯하지만, 그것이 예수께서 이 땅에 오신 진짜 이유는 아니다. 우리를 하나님처럼 되게 하거나, 완벽한 존재가 되게 하거나, 인간적인 모습을 덜어낼 의도는 전혀 없다. 예수는, 참 인간이라면 어떻게 살아야 하는지 가르쳐 주시려고 오셨다. 이렇게 사고가 전환되면 당신은 오랫동안 교회에서 잘못 가르쳐 왔던 거짓된 신념으로부터 자유로워질 것이다. 하나님은 당신이 지니고 있는 '인간다움(humanity)'을 부정하는 걸 원치 않는다. 더 하나님과 같아지려 애쓰는 것도 마찬가지다. 예수는 자신이 이 땅에서 살아가는 모습을 통해 인간다운 인간으로 사는 법을 보여 주려 하셨다. 당신은 예수의 그 모습을 좋아하게 될 것이다. 예수의 가르침을 배우려면 당신도 예수를 진짜 인간으로 받아들여야 한다.

예수 관찰하기

  망치로 손가락을 내리치고, 입술을 깨물고, 털썩 무릎을 꿇고, 너무 아픈 나머지 저도 모르게 웃음이 터진 예수를 상상할 수 있는가? 아침에 일어나 볼일을 보러 가서(아마 올리브 나무가 있는 곳으로 갔을 것이다) 아무도 보는 사람이 없는지 주위를 둘러보는 예수가 보이는가? 후무스(hummus, 병아리콩, 올리브유, 마늘, 레몬즙 등을 섞어서 만든 중동 지역의 음식 – 역자 주)와 정어리를 먹고 난 후 배에 가스가 차서 방귀를 뀌는 예수를 상상할 수 있는가? 날씨가 추워 몸을 따뜻하게 하려고 가족들과 옹기종기 모여 앉아 있는 예수를 생각해 보라. 예수가 아기일 때는 상상하기가 쉽다. 그러나 호르몬 분비가 왕성한 사춘기 십대 때의 예수는 어떤가? 나사렛 동네의 노총각 중 하나였을 스물여덟의 예수는 어떤가? 아버지와 온종일 일하고 기진맥진해 집으로 돌아와서는 곯아떨어지고 다음 날 아침에 일어났는데 온몸이 쑤시는 예수가 상상이 되는가?

만약 그렇지 않다면, 예수에 관해 이야기하는 게 어려울 것이고 심지어 예수처럼 살아가는 건 더 힘들 것이다. 당신이 예수를 하나님으로만 본다면, 그분을 경배하거나 공부할 수 있을지는 모르지만, 그분을 본보기로 따르는 즐거움은 놓치고 말 것이다.

예수는 어머니 뱃속에서 태어났다. 아기 때는 기저귀를 엉망으로 만들었다. 자라서는 사춘기가 찾아왔다. 아프고, 토하고, 피곤할 때도 있었다. 잠에서 덜 깨고, 재채기를 하고, 겨드랑이를 긁적이기도 했다. 그리고 맞다, 예수도 똥을 쌌다. 놀거나 일하다가 배도 고프고 목도 마르고 다치기도 했다. 나이를 조금씩 먹으면서 인생이나 영적인 문제에 호기심을 갖고 늘 질문을 품고 다녔다. 변성기가 오고 몸도 변하고 성격도 변했다. 우리가 알고 있듯이 그분이 사역하는 동안에는 슬퍼하고 화내고 좌절하고 두려워했다. 웃을 때도 있고 울 때도 있고 온갖 유혹과도 싸웠다. 육체적 죽음도 경험했다. 예수가 갓난아기일 때는 한없이 연약했다. 소년 시절에는 놀기 좋아하고 꼬치꼬치 캐묻기 좋아했다. 어른이 되었을 때는 그저 이웃에 사는 시골뜨기 총각이었다. 예수는 하나님처럼 살아가는 게 오히려 어색했다. 그러니 우리도 긴장을 풀고 하나님처럼 되려는 얼빠진 시도는 집어치워도 된다. 그리고 진짜 인간다운 인간이 되는 게 뭔지 생각해봐야 한다.

경건은 하나님이 되려고 노력하는 것과 관련 없다

나는 당신이 지금 무슨 생각을 하고 있는지 안다. '휴 목사님, 그렇지만 우리 인간들은 예수께서 하신 것처럼 참다운 인간이 되기 힘들어요. 성경에서 말하는 대로 우리는 전적으로 부패했고, 악하고, 하나님으로부터 멀어져 있잖아요? 정말 제대로 된 인간이 되려면 인간적인 모습을 줄이고 좀 더 영적이고, 좀 더 경건해져야 하지 않나요?' 글쎄다. 절대 그렇지 않다. 디모데후서 3장 5절은 이러한 딜레마를 이해하는 데 도움을 준다. 신앙인이라 공언(空言)하고, 하나님과 교회를 위하는 척하고, 경건한체하는 사람들에 대해 바울은 이렇게 말했다.

믿음을 살다

"경건의 모양은 있으나 경건의 능력은 부인하니 이같은 자들에게서 네가 돌아서라."

예수도 같은 말씀을 하셨다. 가장 종교적인 바리새인을 가리켜 회칠한 무덤 같다고 하시면서 겉으로는 번지르르해 보이지만 속은 죽은 사람의 뼈와 더러운 것으로 가득하다고 지적하셨다(마 23:27). 경건이란 인간적인 모습을 감추고 하나님처럼 보이려고 애쓰는 게 아니라고 가르치셨다. 그런 태도에서는 늘 위선과 거짓이라는 악취가 풍겨 나온다. 솔직히 사람이 어떤 식으로도 하나님처럼 되는 건 불가능하다. 그건 마치 파킨슨병을 앓고 있는 사람이 프로 운동선수가 되려는 것과도 같다. 또는 휴 홀터처럼 생긴 사람이 〈GQ〉(미국의 남성 패션 잡지 – 역자 주)의 모델이 되려고 하는 것이나 마찬가지다. 이는 절대 있을 수 없는 일이다. 당신은 음란한 생각과 이기적인 행동, 근심 걱정을 한 번도 안 하고 단 하루라도 살아본 적 있는가? 당신이 나처럼 사람이라면 단 몇 시간도 그렇게 살지 못할 것이다.

주일마다 우리는 침통한 마음으로 용서를 구하고 나서, 언제 그랬냐는 듯 또다시 잘못을 밥 먹듯이 한다. 이런 반복이 오랫동안 지속되면 아무런 능력도 없는 '경건의 모양'만 남게 된다. 우리의 인간됨을 부정하고, 더 깨끗하고 더 거룩하고 더 '신성한' 존재가 되려고 하면, 결국 '신성한(sanctified)'이라는 단어가 '독실한 체하는(sanctimonious)'으로 변질되고 만다. 다시 말해, 진실한 인간의 몸부림을 감춘 채 독선적이고, 우쭐거리고, 고고한 척하고, 거만해진다.

많은 이들이 개인 신앙의 척도를 하루에 얼마나 '종교적인' 시간을 가졌는지, 다른 사람에게 욕을 했는지 안 했는지, 또는 교회에 잘 출석했는지에 두고 있다. 그들이 '하나님과 동행한다'고 느낄지 모르겠지만, 이웃을 자기 몸과 같이 사랑하지는 않는다. 아프고 가난한 사람들의 필요를 돌아보지 않고, 예수를 알지 못하는 사람들에게 별 관심을 두지 않는다. 스스로는 깨끗하고 거룩하고 신성하다고 느낄지 모르지만, 정작 그들은 하나님의 능력을 완전히 부인하고 있다. 반면, 욕도 하고 때론 종교적인 시간도 가지지 않지만, 아침에 일어나면서부터 온종일 하나님의 일을 하면서 지내는 사람도 많다. 이들은 친구를 위해 파티를 열고, 어려움을 당한 친구에게 실질적인 도움을 준다. 소외된 사람들을 위해 함께 시간을 보내기도 한다. 예수께서 어느 편을 더 좋아하실까?

마태복음 3장 7절에서 세례 요한은 영적 엘리트인 바리새인과 사두개인을 독사의 자식이라고 했다. 이들은 메시아가 오실 날만 기다리면서 항상 자신을 겉으로 깨끗하게 하는 데만 신경썼다. 오늘날의 독선적인 그리스도인들처럼 말이다. 요한은 영적 엘리트들에게, 그리고 주변에 있던 사람들에게 들리도록 "회개에 합당한 열매를 맺으라"(8절)고 힘주어 말했다. 영적 겉치레는 이제 그만 걱정하라는 것이다. 과거에 영적 엘리트들이 지키라고 했던 세세한 사항들에 얽매이지 말라는 것이다. 죄를 스스로 어찌해 보려고 하지 말라는 것이다.

요컨대, 예수의 십자가 구속이 당신을 거룩하고 의롭고 신성하게 만들었다. 그분이 모든 걸 이루셨다. 당신이 왈가왈부할 일이 아니다. 다만 하나님이 하신 일을 겸손히 받아들이고, 그분이 행하시는 일을 드러내기만 하면 된다. 데살로니가전서 5장 23절은 이렇게 말한다. "평강의 하나님이 친히 너희를 온전히 거룩하게 하시고 또 너희의 온 영과 혼과 몸이 우리 주 예수 그리스도께서 강림하실 때에 흠 없게 보전되기를 원하노라." 그렇다. 하나님의 바람은 당신이 의의 열매 안에서 자라고, 인간의 불완전함을 진지하게 받아들이되 스스로 고치려고 하지 않는 것이다. 하나님은 예수의 완전함을 통해 당신을 깨끗하게 만드신다. 그러니 인간적인 유머 감각을 지키고, 하나님이 주신 천국 안에서 재미있고 의미 있는 삶을 살면 된다.

성육신적인 삶은 인간됨을 부정하고 경건함을 드러내는 것이 아니다. 친구들에게 겸손히 행하고 하나님께서 인간됨을 어떻게 바꾸시는지 친구들이 볼 수 있게 하는 것이다.

성육신적인 삶을 사는 것은 당신의 정체성을 예수 안에 두는 것이다. 당신은 예수의 소유이고, 삶의 모든 영역이 구원의 혁신 가운데 있다. 구원받지 못하면 죄가 당신의 삶을 타락시킬 수는 있다. 하지만 당신의 존재 자체가 완전히 부패하진 않는다. 당신은 하나님의 형상에 따라 창조되었다. '지금' 구원받는 중이고 죄는 '지금' 제거되고 있다. 그러므로 당신의 삶은 늘 하나님의 영광스러운 역사를 반영할 것이다. 시편 139편 14절 말씀처럼 당신은 심히 기묘하게 지음을 받았다. 기가 막히게 디자인되었다는 것이다! 바로 그 지점에서 시작하자.

인간적인 모습을 감추지 말자. 놀던 곳에서 떠나지도 말자. 예수께서 당신 안에서, 그리고 당신을 통해 살아가면 살아갈수록 당신은 더 사람다워진다. 그러므로 서 있는 바로 그곳에서 시작하자. 당신의 있는 모습에서 시작하자.

예쁜 여자를 더 가까이 쳐다보기

포르노그래피가 만연해 있다. 사람들은 이를 인간 실존의 추한 부분으로 생각한다. 목사로서 이 문제로 싸우는 수많은 남자에게 도움을 주려고 노력해 왔다. 그리고 몇 년 후 남자가 여자를 음흉하게 쳐다보는 걸 막을 유일한 방법을 알아냈다. 물론 인간성을 부정하라는 옛 철학을 활용하거나 '자연스러운' 육체적 욕구를 비난하지 않는다. 지나가는 여성을 재차 돌아볼 때 "하나님이 싫어하셔."라고 말하는 것이나 인간은 추한 욕망을 지닌 동물이라는 말도 옳지 않은 것 같다. 하나님이 우리를 만드실 때 이런 욕구들을 주셨다는 것에 대한 증거들이 넘쳐난다. 그렇다면 그 유일한 방법이란 무엇인가? 나는 남자들에게 당신이 음흉하게 쳐다본 그 여성을 좀 더 가까이에서 보라고 권한다. 무슨 말인가? 남자가 여자에게 끌린다는 사실을 부정하면 안 된다.

그것 때문에 죄책감을 느껴서도 안 된다. 그 여자를 좀 더 오래 응시해 보라. 그러면서 다음과 같은 사실들을 떠올려 보라. 그 여자는 누군가의 딸이다. 그녀도 당신처럼 꿈을 가지고 있다. 그녀도 당신처럼 두려움을 가지고 있다. 그녀는 가치를 인정받고 보호받고 싶어 한다. 전 세계적으로 그녀와 같은 수백만 명의 여성들이 학대받고 성폭행을 당하고 있다. 남자들이 인간의 도를 넘어 짐승처럼 성욕을 주체하지 못해서 일어나는 일이다.

예수께서 인간의 몸을 입고 오신 이유는 우리가 원래 어떤 모습으로 디자인되었는지 보여 주기 위해서다. 예수는 우리에게 죄인을 어떻게 사랑해야 하는지, 아픈 자와 가난한 자를 어떻게 대해야 하는지 몸소 가르쳐 주셨다. 진정한 안식의 중요성을 보여 주셨고, 진실하게 노동하고, 즐겁게 축제를 벌이며 노는 법도 알려 주셨다. 예수는 무엇보다도 이웃을 사랑하는 사람, 특히 이성을 존중하는 사람이 되라고 말씀하셨다. 컴퓨터 스크린, 텔레비전, 광고 게시판에 나오는 여자들이나 길거리를 지나가는 여자들을 보지 말라고 하지 않았다. 오히려 다른 사람들을 좀 더 주의 깊게 바라보라고 가르치신다. 나는 여성을 음란하게 쳐다보는 남성들에게 이렇게 권고한다. 그 여자를 좀 더 오래 지켜보면서 그녀를 위해 기도하고, 그녀가 다르게 보이지 않는지 확인해 보라고 말이다. 아마 모든 사람이 이전과 다르게 보일 것이다. 우리는 누군가의 아버지, 아들, 형제지만... 또 누군가의 약탈자가 되기도 한다. 다른 사람을 볼 때 하나님이 지은 본래 형상으로 보는지 아닌지에 따라 우리의 시각은 완전히 달라진다. 고린도후서 5장 16절도 이런 연유에서 나온 말씀이다. "그러므로 우리가 이제부터는 어떤 사람도 육신을 따라 알지 아니하노라 비록 우리가 그리스도도 육신을 따라 알았으나 이제부터는 그같이 알지 아니하노라." 예수를 인간이면서 하나님인 존재로 보아야 한다. 또 자신을 비롯한 모든 사람을 하나님의 신령한 손길이 반영된 인간으로 바라봐야 한다.

이제 예수를 좀 더 닮아 갈 수 있는 몇 가지 결정적인 방법들을 소개하려고 한다.

엉뚱하게 거룩한 vs. 종교적인

'거룩함(Holiness)'은 우리가 예수를 믿고 받아들일 때 얻게 되는 하나님의 속성이다. 하나님은 예수의 완전함을 통해 우리를 바라보시고, 예수의 완전함은 우리의 죄를 덮는다. 거룩함은 우리 안에서 자라나게 해야 하는 그 무엇이다. 우리는 자신을 스스로 거룩하게 만들 수 없지만, 하나님이 자신의 형상으로 지으신 우리 안에 새로운 감각을 불러일으키실 때 우리는 그분과 함께 일할 수 있다. '엉뚱함(Whimsy)'은 장난스러운 유머의 속성이다. 내가 엉뚱함과 거룩함을 함께 언급하는 까닭은 이 둘을 결합하면 큰 그림을 그려 볼 수 있기 때문이다. 엉뚱함과 거룩함이 결합하면 개인적으로 하나님을 향해 진실함과 찬양하는 마음을 갖고

믿음을 살다

도덕적 성장을 이룰 수 있을 뿐 아니라, 아직 하나님을 믿지 않는 사람들에게도 따뜻하게 미소를 지어 주고 유머 감각을 유지할 수 있다. '종교적인' 사람들은 완벽한 거룩함을 얻으려고 애쓰면서 다른 사람들에게도 완벽한 거룩함을 요구한다. 그러나 판단과 비교와 비난의 짙은 안개에 가려 오히려 사람들이 하나님을 보지 못한다. '엉뚱하게 거룩한(whimsically holy)' 사람들은 다른 사람에게 판단의 칼날을 들이밀지 않고도 방향성을 제시해 줄 수 있다. 이들은 사람들의 흥미와 호기심을 유발해 낼 수 있고, 종교적이지 않은 모습 때문에 사람들에게 매력적으로 느껴진다. 우리는 이 '거룩한 엉뚱함'을 예수께서 포도주를 만들었던 가나의 혼인 잔치에서 엿볼 수 있다. 예수는 제국의 앞잡이이자 세리인 마태와 함께 웃고 떠들며 흥청망청 술과 음식을 나누었다. 예수께 달려드는 아이들에게 제자들이 화를 내자 제자들을 꾸짖었다. 예수는 완벽하게 거룩한 분이셨지만, 절대로 도덕적 우월함을 가지고 사람들과 거리를 두지 않았다. 예수는 전혀 죄를 범하지 않았지만, 죄인들의 친구라 불렸다.

그대로 머무는 vs. 정신없이 바쁜

마가복음 5장을 보면 아름다운 장면이 나온다. 수많은 군중이 에워싸며 예수를 구석으로 몰아넣었다. 사람들은 예수께 필요한 걸 얻으려고 몰려들고 있었다. 그중에는 남 앞에 드러내기 힘든 혈루증이란 병으로 수년간 고생한 여자도 있었다. 여자는 그 소란하고 복잡한 와중에 용케 예수의 옷자락을 잡을 수 있었고, 바로 그 순간 거짓말처럼 병이 나았다. 그녀는 너무 기쁜 나머지 바닥에 털썩 주저앉았다. 예수는 사람들을 둘러보며 이렇게 말씀하셨다.

"누가 내 옷에 손을 대었느냐?"(막 5:30) 예수의 말에 놀란 제자들이 대꾸했다.

"무리가 에워싸 미는 것을 보시며 누가 내게 손을 대었느냐 물으시나이까?"

오늘날은 사람들이 모두 정신없이 바쁘다. 스마트폰과 인터넷의 홍수 속에서 자기 삶을 조용히 돌아볼 시간이나 마음의 여유가 없다. '그대로 머무는 것(presence)'이 세속적이지 않은 이유가 그것이다. 우물가의 여인과 '잡담'을 나눴던 예수처럼 그냥 앉아 있을 때, 우리에게 도움을 구하러 온 사람들을 충분히 돌볼 때, 스케줄을 완전히 비워서 누군가와 저녁 내내 시간을 함께 보낼 때, 그 사람은 세상 흐름의 판도를 혁명적으로 뒤엎는 것이다. 제자들이 예수께서 여인에게 보이셨던 행동에 놀랐다면, 분명 우리 주변에 있는 사람들도 우리의 태도에 주목하게 될 것이다.

눈과 귀 vs. 입

'미스터 포테이토 헤드(Mr. Potato Head, 영화 〈토이 스토리〉에 나오는 감자 머리 인형이다. 감자에 눈, 코, 귀, 입 등을 붙였다 뗐다 할 수 있다. – 역자 주)'를 예수처럼 보이게 만들고 싶다면, 큰 귀와 눈을 가장 먼저 달고 입을 가장 나중에 달라고 말해 주고 싶다. 마가복음 10장에 부자 청년이 예수를 찾아왔을 때 예수께서 어떻게 하셨는지 귀 기울여 들어보자. "예수께서 그를 보시고 사랑하사"(막 10:21)

눈은 사람의 신체 중 가장 친근한 기관이고, 다른 기관보다 더 많은 걸 드러내 보인다. 당신이 어떤 감정을 느끼게 되면 그 감정이 표정에 나타나고, 상대방은 표정을 보고 당신이 상대방의 말이나 행동에 마음을 쓰고 있다는 걸 알게 된다. 눈을 내리깔거나 감는다면, 또는 먼 산을 보거나 흘낏 옆을 보고 있다면 당신의 표정은 이렇게 외친다. '난 상관 안 해요. 제 마음은 딴생각으로 가득해요.' 나는 사역 초기에 아내와 함께 목사 고시를 치렀다. 8명으로 구성된 면접관 앞에서 아내와 나는 신학과 성경 지식, 목사로서의 도덕적 의무, 윤리적 행동 강령 등을 잘 이해하고 있는지 시험을 보았고, '목사로서 자질이 충분한지'에 관한 수많은 질문에 답해야 했다. 아내가 말을 할 때마다 추파를 던지는 듯한 면접관이 특별히 기억에 남는다. 또 한쪽에서 졸지 않으려고 사투를 벌이는 뚱뚱한 면접관도 있었다. 결국, 그 면접관은 잠에 굴복하고 말았고 면접을 마칠 때쯤 우리는 어디서 덤프트럭이 지나가는 줄 알았다. 우리에게는 황당하고 씁쓸한 기분만 남았다.

눈은 성육신의 핵심이다. 눈이 열리면 귀가 열리고, 귀가 들으면 마음이 부드러워진다. 그러면 곧 손이 접촉하고, 도와주고, 치유하기 위해 움직인다. 그러나 눈이 닫히면 귀가 닫히고 입이 열린다. 말은 공중으로 날아가 버리고 만다. 사실 세상은 우리의 종교적 수사(修辭)를 더는 듣고 싶어 하지 않는다! 예수는 젊은 청년을 보고 말 그대로 사랑하셨다. 예수께서 그에게 사랑을 느꼈다는 말이 아니다. 그분은 이 청년을 돌보고 계셨다. 주변적인 것은 보지 않고, 그의 마음과 영혼을 깊게 응시했다. 예수의 눈이 사랑을 행했다.

관계 중심적인 vs. 계산적인

나는 어느 부자의 요청으로 강의하러 캐나다로 간 적이 있었다. 백만장자이고 내 책을 읽고 나서 날 개인적으로 만나고 싶다고 지역 목사들에게 부탁했다는 소식을 들었다. 공항까지 고급 세단인 벤틀리를 끌고 날 마중 나왔다. 나는 이틀 동안 그 백만장자의 이야기를 들으며 즐겁게 지냈다. 다시 공항으로 돌아가는 길에 백만장자가 말했다.

"휴 목사님, 이렇게 목사님을 알게 되어 진심으로 고맙습니다. 제가 아무런 속셈(guile) 없이 사람을 만난 게 얼마 만인지 모르겠네요."

나도 감사하다고 말하고 한 번 포옹한 뒤 비행기에 올랐다. 비행기를 탄 후 나는 가장 먼저 노트북을 꺼내 'guile'이라는 단

믿음을 살다

어를 검색해 보았다. 화면에는 이렇게 적혀 있었다. 'guile은 개인적인 이득을 위해 상대방을 조종하는 교활한 속셈을 뜻한다.' 날 이렇게까지 생각해 주니 기분이 좋았다. 하지만 그의 말을 믿을 수가 없었다. 내가 아는 나는 그렇지 않기 때문이다! 사실 지난 이틀 동안 백만장자가 내 이야기와 사역에 흥미를 느껴 큰 거로 수표 넉 장만 쾌척해 주길 은근 바랐으니까. 밤에는 30년산 스카치위스키 한 잔 주지 않을까 싶어 늦게까지 안 자고 기다렸다. 나는 속셈이 없는 사람이 아니다! 다만 그런 사람이 되길 바랄 뿐.

요한복음 1장 47절 말씀이다. "예수께서 나다나엘이 자기에게 오는 것을 보시고 그를 가리켜 이르시되 보라 이는 참으로 이스라엘 사람이라 그 속에 간사한 것이 없도다."

예수께서 제자들을 뽑을 당시 나다나엘에게 깊은 인상을 받으셨다. 고대 유대 문화에서는 속임수, 사기, 위선이 당연시되고 있었다. 예수는 헛된 야망이 없는 사람을 보니 얼굴이 절로 환해졌다. 예수는 나다나엘에게 죄가 없다고 말씀하시지는 않았다. 하지만 그가 권모술수를 부리지 않는 진실한 사람이라는 걸 아셨다. 그 때문에 훗날 예수를 대변하는 자들과 함께할 수 있었다.

예수는 하나님이 관계 중심적인 분이라는 사실을 아는 사람을 원했다. 불순하거나 이기적인 동기가 없는 관계가 진정으로 '관계 중심적인(relational)' 것이다. 예수는 아버지께서 신뢰를 받길 원했고 그래서 이를 보여 줄 수 있는 사람들이 필요했다. 그 반대가 '계산적인(transactional)' 관계를 맺는 것이다. 어떤 목적을 가지고 사람들을 이용한다는 것이다. 사람들이 누군가의 목적을 위한 수단이 된다는 말이다. 이런 관계를 추구하는 사람들은 아무것도 얻어낼 수 없는 사람도 가치가 있다는 말을 믿지 못한다.

종교 지도자들도 실제로 이와 관련된 문제를 갖고 있다. 종교는 우리가 무언가를 만들고 성장시키고 개선하길 원하도록 만든다. 이러한 의욕 자체가 나쁜 건 아니라 하더라도 이에 동조하는지에 따라 한 사람의 가치나 쓸모를 판단하게 된다. 친구를 전도하려는 그리스도인에게도 이와 같은 모습이 나타날 수 있다. 우리가 사람들을 대하는 태도가 그들이 하나님을 믿는 데 영향을 미칠 수 있다는 점을 명심해야 한다. 당신이 사람들을 사랑하고, 이야기를 들어 주고, 복을 빌어 주기보다 다른 속셈을 하고 있다면, 당신의 하나님도 동정적인 왕이 아닌 정복자로 비칠 수 있다.

대부분의 사업상 관계는 이해타산을 따지는 게 맞다. 당신도 사업장에서 실제로 그렇게 하려고 애쓰고 있을 것이다. 하지만 성육신적인 사명의 영역에서는 "그 사람은 속셈이 없다."라는 말이 최고의 찬사다.

예수는 분명히 사람들에 대한 소망이 있었고 자신의 사명에 충실했다. 속셈이라는 건 전혀 없었다. 그분은 세상에서 가장 큰 소명이 있었는데, 3년 동안 그 과업을 완수하고 간신히 제자

믿음을 살다

한 팀을 만들 수 있었다. 그들을 한 끈으로 묶고 드림팀으로 만들고 사람다운 사람으로 키우고, 세상에 내보낸 이가 바로 예수다. 예수는 누구보다도 통제하고, 압박하고, 계산적으로 팀을 운영하는 지도자였어야 했다. 하지만 정반대다. 결코, 우리에게 사람들을 지배하는 모습을 보이시지 않았다.

축제 vs. 분열

지난 주말, 콜로라도(Colorado) 주 윈터파크(Winterpark) 시에서 우리 교회 젊은 남녀 한 쌍이 결혼했다. 나는 결혼식을 진행하고 다시 아내와 딸 매케나와 집으로 돌아왔다. 돌아오는 길에 17살 먹은 내 딸을 보니 만족스러운 표정을 지으며 창밖을 보고 있었다. 내가 물었다.

"매케나, 뭔 생각을 그렇게 하니?"

그러자 딸이 웃으며 말했다.

"아무것도 아니에요. 그냥 행복해서요."

이유를 굳이 물어볼 필요가 없었다. 딸이 행복한 이유를 알고 있었다. 우리는 지난 이틀간 천국을 경험했다. 차를 타고 오면서 들었던 노래 중 두 곡이 내 마음을 사로잡았다. 지난 주말과 잘 어울리는 노래였다. 하나는 콜드플레이(Coldplay)가 부른 〈Til Kingdom Come〉이었고 바로 뒤에 반 모리슨(Van Morrison)이 부른 오래된 노래 〈Into the Mystic〉이 흘러나왔다.

앞에 '3장 우리가 회복해야 할 새로운 복음'에서 우리는 하나님의 왕국에 대해 살펴보았다. 예수는 우리에게 신비롭지만, 분명히 실재하는 현실을 우리에게 보여 주려고 하셨다. 우리가 이 새로운 실재를 상상해 볼 수 있도록 비유를 사용하셨는데, 그중 하나가 결혼식이다.

이번 결혼식은 주일에 있었기 때문에 나와 40명 정도의 공동체 식구들이 덴버로 돌아와 주일 예배 모임을 하진 못했다. 공동체 식구 대부분은 금요일에 윈터파크에 도착했고, 하루하고 반나절 정도 각 지역에서 온 사람들과 함께 인사를 나누고 시간을 보냈다. 어떤 사람들은 신앙 이야기를 나누었지만, 대부분은 그렇지 않았다. 그건 문제가 되지 않았다. 처음에는 친한 사람들끼리 삼삼오오 모여 있었다. 그러다 함께 먹고 함께 기도하고 이야기를 나누면서 자연스럽게 서로 섞이고 나중에는 깊은 대화를 나누기도 했다. 이 결혼식이라는 축제에 시간을 함께 보내며 모두가 눈에 띌 정도로 가까워졌다. 신비롭지만 분명히 실재하는 무언가가 벌어지고 있었다. 사람들은 천국을 경험하고 있었다.

바깥세상에 펼쳐진 겨울 왕국을 감상하면서 기가 막힌 음식을 먹고 포도주를 마시며 아름다운 선율의 백파이프 연주를 들었다. 결혼식 전날 이른 아침에는 커피 한 잔 마시면서 서로 칭찬과 격려를 아낌없이 나누었다. 늦은 밤에는 기분 좋게 술 한 잔 나누며 우정이 더욱 깊어졌다. 깨진 가정이 치유되었고 지인들끼리 서로 돌보고 챙겨 주는 시간을 가졌다. 이 시간을 그대로 멈출 수만 있다면 그렇게 했을 것이다. 이게 바로 요점이다. 예수 공동체의 참 기쁨을 맛본다면 그걸 더 원할 수밖에 없다. 예수께서 디자인하신 진짜 인간의 모습이다. 천국은 눈에 보이진 않지만 실재한다.

마침내 결혼식이 모두 끝났다. 나와 우리 공동체의 다른 목사, 그리고 몇 사람이 수백 명의 새 친구들과 예수 이야기를 나누었다. 수많은 사람을 선물로 받는 기분이었다. 우리는 그 자리에 있던 누구에게도 우리가 믿는 신앙을 강요하지 않았다. 각자의 종교나 취향은 다양했지만 새 친구들은 지난 이틀간 경험한 이야기를 나누며 환하게 미소 지었다.

우리는 왜 예수를 이런 즐거움과 평안 속에서 만날 수 있을까? 답은 간단하다. 하나님은 '종교'가 아닌 '축제' 속에서 모습을 드러내시기 때문이다.

다음 주가 되면, 난 주일 예배 모임에 다시 나갈 것이다. 결혼식에 참석했던 사람들 모두 모임에 나와 결혼식 때처럼 함께 음식을 먹고, 교회에 도착하는 사람들을 맞이하며 웃고 포옹하고 많은 이야기를 나눌 것이다. 사람들과 인사하고 이야기하느라 다 같이 예배당으로 이동하는 데 족히 30분은 걸릴지도 모른다. 아차, 한 가지 까먹은 말이 있다. 축제는 예배다! 그래서 우리는 교회 식구들이 대화를 멈추고 자리에 앉아 찬송을 부르든 말든 특별히 신경 쓰지 않는다. 그들에게 노래란 서로를 위한 사랑이다. 그리고 걱정하지 않아도 되는 것이, 예배당 앞쪽 줄에는 다른 교회에서 온 사람들이 '주일성수'를 위해 늘 자리를 채우고 있다. 그들은 파티가 벌어지는 곳을 우회해 재빨리 예배당으로 들어와 '예배'가 시작되기만을 기다린다.

난 지난 몇 년간 앞쪽 줄에 앉아 있는 사람들에게 별 신경을 쓰지 않았다. 그들은 예배가 시작하는 데 시간이 너무 오래 걸려 짜증을 낸다. 축제를 사랑하는 왕의 공동체에 잘 섞이지 않고 결국 떠나기도 한다. 아무렴, 상관없다.

세속의 성자들

이번 장의 내용이 당신의 마음에 많이 와 닿길 소망한다. 이 책을 통틀어 가장 중요한 부분이다. 직무분석서 같은 거로 교회를 성장시키거나 동료를 예수께 인도하거나 사람들의 성향을 바꿀 순 없다. 예수는 우리에게 바라시는 삶을 몸소 보여 주셨다. 이제 우리는 그분이 소망하는 진짜 인간다운 인간, 즉 세속의 성자가 되는 법을 배워 주위에 하나님의 영광을 드러낼 것이다.

요한복음 17장 22절에서도 예수께서 같은 말씀을 하셨다. "내게 주신 영광을 내가 그들에게 주었사오니" 이건 놀라운 은혜다. 하나님께서 자신의 영광을 주셨다! 고린도후서 3장 18절은 이렇게 찬양한다. "우리가 다 수건을 벗은 얼굴로 거울을 보는 것 같이 주의 영광을 보매 그와 같은 형상으로 변화하여 영광

믿음을 살다

에서 영광에 이르니 곧 주의 영으로 말미암음이니라." 골로새서 1장 27절도 찬양에 화음을 이룬다. "이 비밀은 너희 안에 계신 그리스도시니 곧 영광의 소망이니라."

다음은 내가 감사한 마음으로 받았던 메일이다.

> 안녕하세요, 목사님.
>
> 린지(스타벅스 매장 점장)에게 아둘람(Adullam) 공동체에 계속 나가기 시작했다는 얘길 들었어요. 린지는 목사님의 이런 점이 좋다고 하더군요.
>
> 자신이 완벽하지 않다는 걸 인정하고, 20년 전과 달라진 목사님의 모습을 거리낌 없이 얘기하고, 그리스도의 부활은 우리가 쉽게 믿기 어려운 이야기라고 솔직하게 말씀하신다고 했어요. 한 마디로 목사님의 인간적인 모습에 깊은 인상을 받았나 봐요. 목사님, 늘 응원하겠습니다. 목사님이 자랑스럽습니다.
>
> – 제이크

우리는 하나님의 성육신적인 왕국에 산다. 우리는 하나님을 즐거워하고 그분의 영광을 반영하고 그분께 영광을 돌린다. 우리는 늘 그분을 더 닮아간다! 마침내 우리 안에 계신 그리스도께서 영광의 소망이며 온 세상의 소망이다! 이제 가서 인간이 되자. 하나님을 하나님이 되게 하자.

생각

이 장에서 가장 마음에 와 닿은 내용은 무엇인가? 어떤 개념이 이해하기 힘든가? 아마 다른 사람들도 생각이 비슷할 것이다. 그러므로 그룹에서 책을 함께 읽고 있다면 다음 모임에 가서 당신의 생각과 고민을 함께 나누어 보라.

_____

_____

느낌

예수께서 "하나님처럼 되려는 노력은 이제 그만하고, 더 인간적인 모습이 되도록 하라"고 말씀하실 때 당신은 어떤 느낌이 드는가?

_____

_____

실행

이번 주에 공공장소에 가서 눈에 보이는 사람들을 위해 기도하라. 사람들을 자세히 보면서 하나님께서 본래 디자인하신 형상을 보여 달라고 요청하라.

_____

_____

6

예수를 위한
오프닝 무대

●

하나님의
사전 작업

혹시 유명하거나 대단한 사람과 마주쳤는데 그를 몰라본 경험이 있는가? 난 몇 번 그런 적이 있다. 최근 앨라배마(Alabama) 주 터스칼루사(Tuscaloosa) 시에서 열린 어느 콘서트에 갔다. 어느 밴드가 '영혼의 조언자(spiritual adviser)'라는 가명으로 공연했다. 공연 관계자들은 내게 어디든 갈 수 있도록 허락해 주었다. 심지어 유명한 사람들이 이용한다는 뷔페도 맘대로 출입할 수 있었다. 시간도 보낼 겸 오프닝 공연 전 음향 점검하는 걸 들으러 갔다. 무대에 서 있는 여자가 누군지는 몰랐지만, 폭발적인 가창력에 넋이 나갈 지경이었다. 나중에 뷔페에서 공연 매니저들과 식사할 때 한 명에게 물어보았다.

"오늘 오프닝은 누가 하죠?"

"켈리 클락슨(Kelly Clarkson)입니다." 젊은이가 대답했다. 어디서 많이 들어본 이름 같았다. 그래서 17살 먹은 딸에게 이 가수가 누군지 아느냐고 메일을 보냈다. 딸이 답장을 보내왔다.

"아빠, 아빠 진짜 바보인가 봐요. 그리고 어떻게 날 빼고 거기에 갈 수가 있어요!"

음... 뭐 어쨌든.

난 친구의 대기실로 갔다. 거기서 친구와 다른 멤버들이 한창 무대에 오를 준비를 하고 있을 거로 생각했다. 그런데 어찌 된 일인지 밴드는 없고 긴 의자에 예쁘장한 젊은 아가씨가 앉아 있었다. 간단히 내 소개를 하고 이렇게 물었다.

"그런데 이 밴드를 아세요?"

"네, 케빈이 제 남자 친구거든요."

우리는 얼마간 얘기를 나눴다. 그녀가 연기에 관심이 있는 것 같아 그냥 아무 생각 없이 물어보았다.

"나중에 연예계에서 일하고 싶으세요?"

아가씨는 수줍은 듯 대답했다.

"예... 지금도 그쪽에서 일을 좀 하고 있긴 한데..."

아가씨의 표정이 어색해 보여 또 이렇게 물었다.

"그런데... 좀 이상한 질문이긴 한데요. 혹시 유명하신 분인데, 제가 바보처럼 모르고 있는 건 아니죠?"

"글쎄요. 유명한 건 잘 모르겠고요. 〈뱀파이어 다이어리〉라는 드라마에 나오고 있어요."

"음... 많이 들어본 것 같네요. 그냥 재미 삼아 사진 한 장만 같이 찍을래요? 딸한테 보내게요." 아가씨는 자비를 베풀어 사진을 찍어 주었고, 나는 매케나에게 메일로 사진을 보냈다. '클락슨 사건'이 있고 나서 30분 후였다.

사진을 보내면서 이렇게 적었다.

"바보 아빠가 방금 사진 하나를 찍었어. 혹시 이 아가씨도 알고 있니?" 10초도 안 돼 답장이 왔다.

"아빠랑 말하기 싫어요!!! 으아아아악!"

이번 경험이 성육신과 관련해 큰 가르침을 주었다. 사람들은 아무리 대단한 사람이라도 소개를 받거나, 그 전에 어디서 들었거나, 직접 보기 전까지는 누군지 모른다는 것이다. 인간은 습관의 동물이며, 공장에서 매일 아침 반복적으로 출근 도장을 찍는 노동자와 같다. 자신에게 큰 변화가 일어나길 크게 기대하거나 바라지도 않는다. 그래서 예수는 인간의 삶 가운데 들어오실 때 사람들이 그분을 받아들일 수 있도록 사전 작업을 하셨다.

예수께서 선발대를 세우다

예수에게 선발대가 필요했다는 사실을 아는가? 몇 가지 이유로 하나님은 사람들이 메시아를 알아볼 수 없다는 걸 아셨다. 어느 정도 사전 작업이 필요했다. 사람들이 메시아를 받아들일 준비가 되어야 했다. 하나님은 사람들이 한 번도 본 적 없는 걸 믿는다는 게 쉬운 일이 아니란 걸 잘 알고 계셨다. 물론 유대인들은 지난 2천 년간 메시아를 기다려 왔다. 그들의 경전에는 메시아에 대한 언급과 약속으로 가득 차 있었지만, 세대가 거듭되어도 메시아가 온다는 약속은 실현되지 않았다. 사람들의 소망이 사라지지 않게 하려고 하나님은 선지자들도 보냈지만, 마지막 선지자 이후 약 300년 동안 선지자도 나타나지 않았다.

하나님이 아무 말씀도 하시지 않는 것 같은 영적으로 황폐한 세월이 열두 세대나 지나고 있었다. 그사이 자칭 메시아라고 하는 미친 사기꾼들이 여기저기서 날뛰었다. 요즘에 자동차 도난 방지 경보음이 울리면 무슨 일이 있나 가서 확인하듯, 당시 사람들도 시끄럽게 떠드는 메시아가 진짜인지 가서 살펴보았다.

제아무리 세계적인 바이올리니스트도 허름한 지하철역에서 연주하면 사람들이 진가를 제대로 알아보지 못한다. 마찬가지로 하나님도 사람들에게 관심을 유도하고 마음을 준비시키기 위해 신호탄을 쏘아 올리지 않으면 예수가 주목을 받지 못할 거라는 사실을 잘 알고 계셨다.

최초의 선발대는 마리아(Mary)와 스가랴(Zechariah)였다. 둘 다 예수를 메시아라고 예언했고, 머지않아 조금씩 사람들의 관심을 끌었다. 시므온(Simeon)이라는 신실한 노인도 있었다. 유대인인 그는 천사가 와서 죽기 전에 메시아를 보게 될 거라고 말한 뒤부터 끈기 있게 메시아를 기다렸다. 마리아와 요셉이 아기 예수를 시므온과 안나(Anna)라는 여인에게 보여 주었을 때 그들의 관심이 급증했다.

예수가 태어난 후 마리아와 요셉(Joseph)은 이집트로 피신해야만 했다. 마침내 이들 부부는 다시 돌아와 나사렛(Nazareth)이라는 마을에 살림을 차렸다. 대소동이 잠잠해진 뒤부터 예수는 여느 유대 아이들처럼 자라났다.

당신의 인생에서 가장 긴 30년!

딸아이 중 하나가 하키 경기에서 득점하거나, 대표로 애국가를 부르거나, 자기 방을 깨끗이 청소할 때, 나는 소위 '딸 바보'가 된다. 아이들이 무엇이든 굉장한 일을 해내면 페이스북에서 딸 소식을 전하느라 정신이 없다. 만약 내 아들이 메시아였다면 이보다 더 부산을 떨었을 것이다. 하지만 요셉은 예수가 자랄 때 어떤 암시나 조짐도 드러내지 않았다. 혹시 하나님께서 예수의 부모에게 입단속을 시킨 건 아니었을까? 아니면 마리아와 요셉도 몇 년 후부터는 의심하기 시작했을지 모른다. 시므온과 안나는 이미 둘 다 저 세상 사람이었다.

누가복음 3장 23절은 많은 사람이 놓치고 있는 성경 구절이다. "예수께서 가르치심을 시작하실 때에 삼십 세쯤 되시니라." 우리는 예수의 양육 과정에 대한 정보는 거의 얻지 못하고 조용하고 평범한 유대인 생활을 하다가 갑자기 출현한 예수를 보게 된다. 전혀 요란하게 등장하지도 않았다. 주변에 2천 년 동안 메시아를 기다리고 있는 사람들이 수두룩한데 당신이 메시아라면 속마음을 감출 수 있겠는가? 세상을 순차적으로 회복시킬 수도 있지 않은가? 그러나 하나님은 천천히 에이스 카드를 준비하셨다. 지난 30년 동안 세상의 판을 뒤집을 카드를 감추어 두셨다!

무슨 일이 일어나고 있었는가?

하나님은 다양한 형태로 준비하고 계셨다. 우리가 다른 사람들의 삶에 들어갈 때 알아 두어야 할 점이 있다. 하나님은 아무도 모르게 준비하신다는 것이다. 그러니 우리는 하나님이 사람들의 삶에 들어갈 길을 준비할 수 있도록 맡겨 드려야 한다.

당신이 잠든 사이 하나님은 일하신다

성육신의 준비에 관한 매우 중요한 사실이 바로 이것이다. 하나님은 누군가 거기에 도달하기 전에 미리 길을 닦아 놓으셨다.

당신은 교회에서 이상한 신학들을 배웠을 수도 있다. 그중 하나가, 우리가 저들에게 빨리 가서 복음을 전하지 않으면 그 전에 죽어 지옥에 갈지도 모른다는 것이다.

지금도 이 말을 사실로 믿는 사람이 있다면 내가 질문 하나 해 보겠다. 오늘 당신은 직장이나 마트, 길거리에서 얼마나 많은 사람에게 예수를 전했는가?

한 명도 없다고? 나도 그 정도는 예상했다.

그렇다면 어제는? 아, 어제도 없는가? 그럼 작년에는? 같은 대답인가? 이런 경우라면 당신은 수백 명, 아니 수천 명의 사람에 대해 천국에 보내지 못한 책임을 져야 한다. 맞는 말인가? 과연 옳은 생각일까? 당연히 아니다. 그것은 옳지 않다!

당신이 하나님이라면 귀한 아들딸들의 영원한 운명을 우리 같은 사람들 손에만 맡기겠는가? 당연히 아니다. 우리는 잘못된 신학에 강요를 당하더라도, 주제넘게 행동하고 너무 빨리 움직이고 우리의 전도에 세상 영혼들의 운명이 달려 있다고 생각하는 충동에 맞서 싸워야 한다.

성경을 몇 번이고 읽어 본 후, 나는 성경이 사람들을 끝까지 포기하지 않으시는 하나님을 보여 준다고 확신했다. 당신이 사람들에게 예수를 전하려고 준비하는 것처럼 하나님도 사람들이 당신을 만날 수 있도록 준비하고 계신다. 사람들이 예수를 믿고 안 믿고는 당신이 책임질 일이 아니다. 다만, 하나님은 당신이 그 일에 참여하길 바랄 뿐이다. 당신은 그 과정 중에 중요한 역할을 담당하지만, 그 과정을 책임질 필요까진 없다.

마가복음 4장 26~29절에서 예수는 하나님의 나라가 어떻게 생겨나고 커지는지 가르치신다. "또 이르시되 하나님의 나라는 사람이 씨를 땅에 뿌림과 같으니 그가 밤낮 자고 깨고 하는 중에 씨가 나서 자라되 어떻게 그리 되는지를 알지 못하느니라. 땅이 스스로 열매를 맺되 처음에는 싹이요 다음에는 이삭이요 그 다음에는 이삭에 충실한 곡식이라. 열매가 익으면 곧 낫을 대나니 이는 추수 때가 이르렀음이라."

이 말씀에서 두 가지 중요한 점을 배울 수 있다. 첫째, 사람이 씨를 뿌렸다는 것이다. 씨 중에 어떤 건 친절한 설명일 수도 있고, 사람들이 물어보는 것에 대한 적절한 대답일 수도 있다. 또 하나님 나라의 행위들, 가령 다른 사람을 위해 조용히 기도하거나, 저녁 식사 후 오붓한 시간을 갖거나, 누군가를 독려하기 위해 서둘러 메일을 보낸 일도 천국 씨앗에 포함된다. 둘째, 이것이 더 중요한데, 모든 성장은 사람이 잠든 사이에 이루어진다. 즉 성장이나 최종 결과에 대한 책임이 사람에게 없다는 말이다. 고린도전서 3장 6절에서 바울은 이 말을 다른 식으로 표현했다. "나는 심었고 아볼로는 물을 주었으되 오직 하나님께서 자라나게 하셨나니"

요한복음 5장 16~17절에서 예수께서 중요한 말씀을 하셨다. "그러므로 안식일에 이러한 일을 행하신다 하여 유대인들이 예수를 박해하게 된지라. 예수께서 그들에게 이르시되 내 아버지께서 이제까지 일하시니 나도 일한다 하시매" 사람들이 모두 쉬는 날에도 하나님은 여전히 사람들의 마음과 영혼, 환경을 두고 일을 하신다고 말씀하셨다. 그러니 우리는 긴장을 풀고 여유로운 마음으로 하나님이 부르실 때를 기다리면 된다.

하지만 이렇게 묻는 사람도 있을 것이다. "만약 당신이 비행기를 타고 있고 주어진 시간이 단 한 시간밖에 없다면 어떻게 되는 건가요? 이러면 당장 가서 복음을 전할 수가 없잖아요?"

당신이 인도하지 않아 그 사람이 죽을 수도 있다면, 나도 당신이 가서 인도해야 한다고 생각한다. 하지만 하나님이 사람들의 삶 속에서 일하시고, 그들을 구원하길 바라시고, 비행기에 탈 때마다 그들을 전도하려는 미치광이들로부터 보호하신다는 사실을 믿는다면, 당신이 할 일은 그저 예수의 뜻을 따르는 것뿐이다. 아마도 당신의 역할은 그들을 친절히 대하거나, 격려하는 대화를 하거나, 기내식 과자를 대신 계산해 주거나, 짐칸에서 가방을 꺼내 주는 정도가 될 것이다. 이 모든 것이 천국의 씨앗이다.

파일로니 식당의 숨은 비결... 오래 머묾

1년 전 아내와 나는 아들을 보러 세인트루이스(Saint Louis)로 갔다. 그쪽 지역을 잘 아는 친구가 말했다. "거기 가면 우리 가족이 살던 곳 근처에 파일로니 식당(Failoni's Restaurant)이라는 데가 있어. 그 식당은 꼭 가 봐. 강추야." 다른 지역 사람들은 잘 모르지만, 이스트세인트루이스(East Saint Louis)에서 사는 사람들에게는 꽤 유명하다. 식당 주인인 알렉스 파일로니(Alex Failoni)는 엄마 배 속에 있을 때부터 지금까지 하루도 쉬지 않고 식당에 나왔다고 한다. 우리 부부는 저녁에 식당에 갔는데 주인이 애피타이저를 들고 와서 우리에게 인사를 건넸다. 그러고는 가볍게 몇 마디 대화를 나눴다. 주인은 다른 손님들과 반갑게 포옹하고 한 사람 한 사람 이름을 부르면서 농담을 주고받았다. 나는 그 모습을 매우 흥미롭게 지켜보았다. 파일로니는 그 동네의 전설이었다. 파일로니가 식당에 오는 모든 친구에게 술병을 따서 잔에 따라 주는 걸 보자 언뜻 예수의 모습이 스쳐 지나갔다. 그는 매일, 오랜 시간, 식당 모퉁이 같은 자리를 지키고 있었다. 알렉스 파일로니가 가수 시나트라(Sinatra)의 노래를 부르는 걸 보고 싶다면 인터넷에서 '파일로니 식당'을 검색해 보라.

이 글은 지금 '자바 온 더 락(Java on the Rock)'이라는 하와이 현지에서 유명한 커피하우스에서 쓰고 있다. 오두막으로 만든 이 커피하우스는 코나 해변이 바로 내려다보인다. 오늘 호텔에서 나와 차를 타고 어떤 작은 해변을 지나가고 있는데, 나무 아래서 파도타기 하는 사람들 8명 정도가 옹기종기 모여 있었다. 그들의 구릿빛 피부에는 고대 부족의 상징으로 문신이 새겨 있었다. 머리는 거의 벗겨졌거나 반백이었다. 다들 나이가 예순에 가까워 보였다. 마치 고대 유적에 있는 파도의 수호신처럼 앉아 있었다. 이곳 해변은 신성하게 여겨지고 있다. 타지 사람들은 수호신의 허락 없이 파도타기를 하려다가 이곳이 정말 신성한 곳임을 깨닫게 된다. 근처에 사는 친구 매트(Matt)는 파도의 수호신들에게 허락받지 않으면 해변 근처에도 가지 못할 거라고 말해 주었다. 그 지역은 수호신들이 꽉 잡고 있어서 그들에게 허락과 축복을 받는 게 현명하다.

한곳에서 태어나 평생을 살아온 토박이들을 만나면 뭔지 모를 힘이 느껴진다. 자기만의 고유한 이야기가 있고, 타지 사람들과의 미묘한 문화적 차이를 본능적으로 안다. 또 하늘을 보고 무역풍의 냄새만 맡고도 오늘 날씨가 어떨지 금세 알아맞힌다.

예수도 토박이였고 이웃들과 거의 평생을 함께 살았다. 당신이 예수가 사는 마을에 놀러 간다면 예수는 당신에게 동네 마트, 펍, 호텔 등 편의 시설을 모두 안내해 줄 것이다. 그 마을에 사는 모든 사람에게 당신을 소개할 수도 있다. 오늘과 내일 날씨는 어떨지, 그 지역에서 나는 제철 과일은 무엇인지, 마을에서 가장 뛰어난 장인은 누구인지, 가장 아름다운 일몰을 볼 수 있는 장소는 어딘지 훤히 꿰고 있을 것이다.

예수가 살았던 나사렛이란 동네는 '낙후 지역'으로 알려져 있었다. 그래서 예수가 공생애 사역을 시작할 때 사람들이 이런 말을 하지 않았던가. "나사렛에서 무슨 선한 것이 날 수 있느냐?"(요1:46) 나사렛은 사람들이 기피하는 동네였다. 동네 사람들은 인심이 야박했고, 땅도 척박해 다른 지역만큼 소출이 많지 않았다. 모든 사람이 이 지역 사람들을 비웃었다. 그래도 나사렛은 예수의 고향이었다.

'오래 머묾(Longevity)'은 성육신의 열매를 원하는 사람에게 필요한 숨은 비결이다. 그런데 예수께서 오래 기다리지 않고 지난 30년 사이에 금세 알려져 명성을 쌓고 유명인이 되셨다면 '인생은 한 방'이라는 말을 재고해 볼 필요가 있다.

나는 콜로라도 주 덴버에 살고 있다. 이 지역 사람들은 평균적으로 18개월에 한 번씩 이사한다. 여기에는 교외에 사는 사람들도 포함된다. 경제적으로 어렵거나, 가족이 해체되었거나, 좀 더 나은 주거 환경을 원하면서 사람들은 이리저리 살 곳을 옮겨 다닌다. 나는 동료 목사들에게 농담 반 진담 반으로 교회 사역을 대학 사역처럼 여겨야 한다고 말한다. 사람들이 2년에서 4년 정도 교회에 나왔다가 다른 곳으로 옮기기 때문이다.

모두가 한곳에 머물지 못하고 끊임없이 돌아다니지만, 우리는 의지적으로 그렇게 하지 않기로 마음먹을 수도 있다.

성육신은 한곳에 머무르면서 오랜 시간을 거쳐야 이루어진다. 끊임없이 변화하는 세상 속에서 한곳에 머무르며 한결같은 삶을 산다면 아마도 강력한 영향력을 갖게 될 것이다. 앞으로 먹고살 길이 막막하고 그래서 좀 더 자신에게 나은 환경으로 옮겨 가고 싶은 압박을 느낄 수도 있다. 하지만 한곳에 머무르기 위해 기도하고 계획하는 당신을 예수께서 귀하게 여기신다. 성육신의 열매는 곧바로 열리지 않는다. 열매가 맺히고 영글려면 시간이 필요하다. 공동체, 길거리, 학교, 스포츠클럽, 친목 모임 어디든 시간을 많이 들일수록 우리의 영향력은 더욱 향상된다.

다른 사람들이 당신에 대해 말하게 하라

당신이 한곳에 오래 머무르는 사람이 되면 누군가는 다른 사람들에게 당신에 대해 말하게 될 것이다. 예수의 경우는 사촌인 세례 요한이 광야에 나가 사람들의 시선을 끌었다. 요한이 사람들에게 회개하라고 하면서 세례를 베풀고 있었는데, 어느 날 예수께서 따르는 무리와 함께 그 자리에 나타났다. 요한은 예수를 가리키며 이렇게 말했다.

"보라 세상 죄를 지고 가는 하나님의 어린 양이로다"(요 1:29). 사람들이 의아해하자 요한은 재빨리 그들이 예수에게 관심을 돌리게 했다.

"나는 그의 신발끈을 풀기도 감당하지 못하겠노라"(요 1:27).

"그는 흥하여야 하겠고 나는 쇠하여야 하리라"(요 3:30).

당신이 본인에 대해 말하면 사람들은 별로 관심이 없다. 하지만 다른 사람들이 당신에 대해 말해 주면 세상이 주목한다. 이는 만고의 진리다.

예전에 교회가 경매에 올라가 있는 동안 돈을 벌려고 페인트칠 일을 한 적이 있다. 나는 혼자 생각에 어느 노부인이 이삼일 정도 일한 대가로 천 달러를 제시하면 시간을 많이 들이지 않고도 어려운 처지에 있는 사람을 도울 수 있을 거라고 판단했다. 그러나 애석하게도 일당 50달러 정도밖에 벌지 못했다. 어느 날 아침 나는 차를 몰고 의뢰인을 만나러 갔다. 포틀랜드(Portland)에 있는 노스웨스트 힐즈(Northwest Hills)라는 부자 동네였는데, 동네에 들어서자 큰일이다 싶었다. 집들이 모두 고래등같이 컸고 대부분 시내가 내려다보이는 가파른 절벽 위에 지어져 있었다. 기도하는 마음으로 갔지만 우려한 바가 현실이 되고 말았다. 의뢰인의 집은 크기가 어마어마했을 뿐 아니라 블랙베리 나무가 우거진 절벽 끝에 있었다.

　순간 나는 꾀병을 부려야겠다고 생각했다. 내가 마음을 가라
앉히려고 자동차 핸들 위에 머리를 대고 앉아 있을 때 아주 온화
하면서도 강력한 음성이 내 마음속에서 들렸다. '그 집을 페인트
칠하라.'

　하나님의 음성이란 걸 알았다. 그래도 마음을 잡느라 30분이
나 앉아 있었다.

　결국, 나는 어깨가 축 처진 채 대문을 두드렸다. 집에서 집주
인 랠프(Ralph)가 나왔고, 우리는 작업 사항에 관해 이야기를 나
눴다. 랠프가 마지막에 한 말이 아직도 기억에 남는다. "아, 그
리고 스프레이로 뿌리지 말고 붓으로 칠하세요. 식물에 스프레
이가 묻지 않게 말이죠." 속으로 생각했다. '아, 제대로 걸렸네.
예수께서 재림하실 때쯤 끝나겠는데?'

　4주 동안 일하면서 어느새 랠프와 나는 친구가 되었다. 마치
우락부락한 실베스터 스탤론(Sylvester Stallone)과 작고 연약한 트위
티 버드(Tweety Bird)의 만남 같았지만.

　이 이야기를 꺼낸 이유는 당시 그 일을 하면서 어디서도 하나
님을 찾을 수 없었기 때문이다. 솔직히 소중한 시간만 낭비한다
고 생각했다. 그 상황을 전혀 이해할 수 없었다. 랠프의 아들을
만나기 전까지는 말이다.

　사업가인 스콧(Scott)은 내가 아버지의 무리한 요구에도 묵묵히
일한다는 사실을 알고는 크게 감동했다. 마침내 스콧은 우리 교

회에 들어와 나의 가장 친한 친구이자 재정 후원자가 되어 주었다. 고맙게도 교회 건축에 자금을 지원해 주었을 뿐 아니라 우리 가족이 휴가 때 머물 수 있는 콘도(나중에 팔았지만)도 하나 마련해 주었다.

데살로니가전서에 보면 바울이 데살로니가 교회에 대한 좋은 소문이 각처에 퍼지고 있다고 말하면서 칭찬을 쏟아 내고 있다(살전 1:8). 사람들의 입에서 입으로 우리에 대한 좋은 소문이 흘러가면 이웃에게 다가가는 데 도움이 될 것이다. 우리는 서로를 위한, 그리고 예수를 위한 오프닝 무대이다. 저들의 믿음을 준비하는 데 큰 역할을 담당하는 것이다. 모든 과정을 당신이 떠안으려 하지 마라. 대신 모든 일을 소중하게 여겨라! 당신의 주변 평판이 좋아질수록 친구들이 당신에게 집중하고, 사람들이 예수에게 집중하는 게 훨씬 수월해진다.

정해진 때

여러분 중에 이렇게 말하는 사람도 있을 것이다. "휴 목사님, 제발 성 프란시스처럼 몸으로만 복음을 실천하라는 말씀은 하지 말아 주세요. 필요할 땐 말도 해야죠! 예수에 대해서 말로도 전해야 하지 않나요?"

물론이다. 책 뒷부분에서 이 내용에 관해 다룰 것이다. 예수는 '정해진 때(appointed time)'가 있다고 말씀하셨다.

간혹 예수는 누군가를 고쳐 주고는 아무에게도 말하지 말라고 말씀하셨다. 언젠가는 병자를 고치신 후 조용히 하고 있으라고 강력하게 권고하셨다. 예수의 '강력한 권고'를 당신이 어느 정도로 생각하고 있는지 모르겠다. 내 생각에는 예수께서 끓어오르는 흥분과 감사를 주체할 수 없는 이 병자를 진정시키느라 무진 애를 썼을 것 같다. 병자의 꾀죄죄한 옷을 붙잡고 얼굴을 끌어당기면서 이렇게 말씀하시지 않았을까. "잘 들어, 네가 지금 얼마나 미치도록 기분 좋은지 나도 알아. 그렇지만 제발 부탁인데 다른 데 가서 절대 얘기하지 마. 농담하는 거 아니야!"

왜 예수는 자신의 능력을 모든 사람에게 내보이려 하지 않았을까? 왜 여기저기 다니면서 사람들을 전부 고쳐 주려 하지 않았을까? 아무도 이유는 확실히 모르지만, 당시 상황이나 환경을 고려해 자신의 행위가 어떤 결과를 불러일으킬지 알고 계셨던 같다. 예수는 아버지께서 계획하신 일을 알았고 그에 따랐다. 진리가 드러나는 '타이밍'은 진리 그 자체만큼이나 중요하다.

하나님을 전하는 데도 '정해진 때'가 있다. 하나님은 전해야 할 시기를 분명하게 알려 주신다. 그때는 누군가를 붙잡고 이렇게 말하게 될 것이다. "제가 정말 당신에게 해 주고 싶은 이야기가 있어요." 하나님께 영광을 돌리려면, 그리고 다른 사람들이 하나님의 영광을 알도록 도우려면 나름의 '기술'이 필요하다.

잘 살아가기(완벽하게 살아가기가 아니다)

하나님께 통찰력과 지혜 구하기

당신이 예수께 인도하고픈 사람에게 세심하게 응답하기

다시 말해, 성육신적인 삶을 사는 기술을 익히면 성육신적으로 말하는 기술을 배우는 데 도움이 될 것이다.

요한복음 17장에서 예수는 지난 3년간의 사역에 대해 하나님께 기도하면서 이렇게 말씀하셨다.

"아버지께서 내게 하라고 주신 일을 내가 이루어 아버지를 이 세상에서 영화롭게 하였사오니"(4절)

그러면 몇 가지 질문이 나올 수 있다. 이 시점에 예수는 모든 사람을 고쳤는가? 아니다. 예수는 모든 사람을 가르치고, 먹이고, 도우셨을까? 당연히 아니다. 그러면 예수가 떠난다는 사실을 정확히 알도록 준비시키셨나? 결코, 아니다. 하지만 예수는 하나님이 분부하신 일을 모두 마쳤다고 하셨다.

다음은 내 머릿속에 있는 생각들이다.

- 충분히 하고 있는 것 같지 않아.
- 난 좀 더 할 수 있을 것 같은데.
- 하나님이 주신 기회를 잘 사용하지 못하고 있어.
- 내 미약한 노력은 하나님 나라에 별 도움이 안 될 것 같아.

그러나 예수를 공부하면 할수록, 예수께서 누구를, 언제, 어떻게, 얼마나 오래, 얼마나 많이, 얼마나 자주 만나서 복음을 전해야 하는지 하나님의 말씀을 따르는 걸 보면 볼수록, 마음속 염려들이 사라진다. 하나님은 내가 어디로 가야 하는지 늘 보여 주시고, 내가 떠난 후에도 계속 그 자리를 지키신다. 나보다 훨씬 더 무한히 저들을 사랑하시고, 나는 잠시 그들과 만나고 헤어지지만, 하나님은 끝까지 함께 계신다.

예수를 따르면, 나는 부족해서 할 수 없다는 생각이 싹 사라진다. 이제 모든 사람을 친구로 삼고, 모든 순간순간을 하나님의 영광을 더 가까이서 보도록 돕는 기회로 삼을 수 있다. 여기서 잠깐 멈춰서, 지금까지 살아온 당신의 인생을 하나님께서 어떻게 사용하실지 생각해 보자. 당신이 살아온 평생은 30년을 익힌 블루스 실력이나 30년 된 스카치위스키와 같다. 30년 동안 자라서 많은 이들에게 시원한 그늘을 제공해 주는 나무와도 같다. 하나님은 당신에게 해당하는 정해진 때도 알고 계신다. 언제 당신을 인도해야 할지, 언제 뚜껑을 따야 할지, 언제 다른 사람들에게 다가갈 준비가 될지 모두 알고 계신다. 그러니 예수께서 살아오신 지난 인생 자체의 소중함을 놓쳐서는 안 된다. 그분은 3년의 공적 사역 이전에 30년 동안 성육신의 삶을 사셨다.

생각

당신의 인생 가운데 어떤 점을 하나님께서 활용하시면 사람들에게서 긍정적인 반응을 얻을 수 있을까?

_____

_____

 느낌

한 마을이나 공동체를 선택해 오래 머무를 생각을 해 본 적 있는가? 이런 헌신을 해야 한다면 어떤 감정을 느끼는가? 두려움? 기대감? 아니면 또 다른 감정?

_____

_____

 실행

이번 주에 당신이 사는 지역 내에서 가게를 두 군데 골라 보자. 커피숍이나 펍이나 피트니스센터나 식당 어디든 좋다. 그곳에서 일하는 직원들의 이름을 하나하나 익히자. 이제부터 토박이 행세를 해 보는 것이다!

_____

_____

7

노동의 저주를
복된 사역으로 바꾸기

●

노동의 저주에서
구원하기

대학 1학년 때 나는 무일푼이었다. 당장 다음 학기 등록금인 3,500달러가 수중에 없었다. 나는 동네 페인트 가게로 가서 가게 주인에게 나같이 젊은 사람이 페인트칠해서 돈을 벌려면 어떻게 해야 하는지 물어보았다. 주인은 30분 정도 상담하고는 곧바로 내 차 트렁크에 새로운 장비를 가득 실었다. 바로 그날부터 작업을 구하러 시애틀 곳곳을 다니기 시작했다.

두 시간 만에 첫 주문을 받았고, 그렇게 그해 여름이 끝날 때까지 일해서 1만 달러를 벌었다.

당시 대학을 무사히 마칠 수 있어 감사했지만, 이 일이 내 인생에서 하나님의 부르심이 될 만큼 중요한지는 전혀 알지 못했다.

이제 내 나이 마흔여섯이고, 페인트칠을 해야 할 형편은 아니다. 허리도 좋지 않고, 전 세계를 돌아다니면서 강연하고 다른 지도자들을 훈련하는 일에 꽤 만족한다. 하지만 20대 때 고생한 거로 애석해 하지는 않을 것이다. 하나님께서 그 시간을 허락하셨기에 그 이후 목회 사역을 해 나갈 수 있었다.

잠깐만. 조금 전 단락을 다시 읽어 보자. 이 성육신의 핵심을 확실히 인지하길 바란다. 나의 세속적 직업은 목회로의 부르심과 직접 연결되었다. 나는 대학 2학년 때 하나님께 목회의 부르심을 받았다. 길을 잃고 헤매는 사람들이 예수를 찾을 수 있도록 내 모든 시간을 들여 도와야겠다고 생각했다. 그것이 내 부르심이란 걸 알았다! 나는 종교학과 심리학으로 전공을 바꾸고 대학을 졸업하자마자 신학대에 입학했다. 그때부터 '그리스도를 위한 젊은이(Youth for Christ)'라는 선교 단체에서 10년간 활동했고, 그 후에 첫 교회를 개척했다. 풀타임 사역은 국면마다 크게 달라졌지만, 변함없는 것이 한 가지 있었다. 바로 페인트공이라는 나의 직업이다. 나도 모르는 사이에 세속의 삶을 하나님의 소명과 떼려야 뗄 수 없는 관계로 볼 수 있게 되었다.

아이들이 하나둘 생기면서 가계비용이 점점 늘어났지만, 아침저녁으로 항상 이렇게 기도했다. "주님, 늘 공급해 주셔서 감사드립니다. 제게 일을 주시거나 재정을 보내 주십시오. 주님께서 인도하시는 것이라면 무엇이든 따르겠습니다."

주님은 기도를 들어 주셨다.

목회 후원자를 통해 재정을 보내실 때는 모든 시간을 쉬지 않고 사람들을 만나는 데 사용했다. 그리고 일을 보내실 때는 아침, 점심, 저녁 식사 시간을 이용해 집이나 동네 펍에서 사람들을 만나려고 일부러 시간을 냈다. 물론 쉬운 일은 아니었고, 솔직히 첫 번째 옵션이 더 맘에 들었지만, 성속(聖俗)의 균형을 배우는 것이 성육신적인 사역을 하는 데 가장 효과적인 기술이었고, 지금도 마찬가지다.

소명이란 무엇인가?

나는 지금 공항 터미널 안에 있는 한 스테이크하우스에 앉아 이 글을 쓰고 있다. 바로 뒤에는 20대 중반 정도로 보이는 두 젊은 남자가 신학대 졸업 이후 진로에 관해 이야기를 나누고 있다. 한 명은 신학 교수가 되기 위해 학교에 머물지, 아니면 교회 사역을 할지 고민하고 있고, 다른 한 명은 바로 담임목사 자리로 가고 싶어 한다. 실례지만, 잠깐 두 사람을 만나고 와야겠다. 내가 둘에게 다른 직업을 구하도록 설득할 수 있는지 한번 확인해 보고 싶다. 잠시만 기다리면 곧 돌아오겠다.

20분 후...

오케이, 방금 조시(Josh)와 이반(Evan)을 만나고 왔다. 둘 다 신혼이고 조시는 두 살배기 아들이 있다. 내가 저녁을 사 주자 분위기는 좋았지만 뜻한 대로 대화가 이어지지는 않았다. 나는 두 사람에게 미국도 10년 안에 영국, 유럽 대륙, 캐나다, 호주, 포틀랜드, 볼더처럼 기독교 신자 수가 급격히 줄어들어 목회자를 구하는 교회가 많지 않을 거라고 얘기해 주었다. 그리고 새로운 교회를 개척하더라도 풀타임으로 사역하기 어려울 거라고 했다. 사람들이 더 이상 교회에 후원을 많이 하지 않을 것이기 때문이다. 또한, 신학교, 교단, 또는 여러 기관에서도 공식적으로 교회 수를 제한하고 있고, 그들 역시 살아남기 위해 재정 지원을 줄이기 시작한다고 말해 주었다.

나는 두 사람에게 중요한 질문을 던졌다.

"만약 사역할 자리를 주는 교회가 없다면, 사역지를 구하기 전까지 아내와 아이들을 먹여 살리기 위해 무엇을 할 건가요?"

이반은 질문의 의도를 알아채고는 현재 물류 운송업체인 UPS(United Parcel Service)에서 일하고 있고 단기간으로는 일할 생각이 있다고 말했다. 하지만 그 일만은 할 수 없고 교회에서 전적으로 하나님을 섬기고 싶다고 했다. 조시는 이렇게 말했다.

"글쎄요, 제가 일반 직업을 가져야 한다면, 풀타임 사역에 대한 부르심을 받았다는 느낌이 들지 않을 것 같아요. 이것 아니면 저것 중 하나만 골라야 할 것 같은데요?" 그는 말을 이었다.

"하나님께서 우리에게 사역에 집중하라고 하시면서 일반 직업에 종사하도록 해서 압박과 피로를 주시진 않을 것 같아요."

얘기를 다 들은 후 나는 이렇게 말했다.

"예수는 어릴 때부터 일했던 거 알죠? 유대인으로서 예수는 소년 시절에나 성인이 되어서나 오전 9시부터 오후 5시까지 일을 했어요. 서른 살이 될 때까지 말이죠."

두 사람은 그런 생각은 한 번도 안 해 본 표정으로 나를 쳐다보았다. 나는 사도 바울이 회심한 후 '이중직(bivocational)' 생활을 했고 다른 사도들도 마찬가지였다고 말했다. 또한, 역사상 기독교 운동에 강력한 영향을 미쳤던 인물들이 자기 생계는 스스로 유지했다고 했다. 세례 요한, 바나바, 브리스길라와 아굴라, 패트릭(Saint Patrick), 웨슬리(John Wesley), 칼뱅(John Calvin) 등등.

"자, 봐요. 우리는 복음을 주로 변호사, 배관공, 매춘부, 도살업자와 같이 자기 분야에서 밥벌이하며 살아가는 일반인들에게 전해야 해요. 이제 사역을 하면서 또 자기 직업을 가진 사람들을 통해 복음이 전해질 날이 곧 올 거예요."

물론, 많은 기독교 지도자들이 교회나 심지어 정부로부터 지원을 받는다. 그리고 복음 사역을 통해 생계를 꾸리는 것이 본질적으로 잘못된 것도 아니다. 하지만 예수를 따르는 사람들은 누구나 풀타임으로 섬겨야 하는 부르심을 받은 것이다. 실제로 우리의 기독교 운동은 소수의 사람이 감당하고 있는 '사역(ministry)'이라는 개념 때문에 만신창이가 되었다.

그렇다면 '소명(calling)'이라는 개념을 어떻게 봐야 하는가? 이 단어는 사실 '구별하다(set apart)'라는 뜻을 지니고 있다. 구약에서 하나님은 아론의 가문을 구별하여 제사장직을 맡겼다. 이 가문에서 태어난 사람들은 자신이 할아버지와 아버지, 형제들을 따라 유대 민족 중 더 헌신된 가문에 속한다는 사실을 알게 된다. 말하자면, 그들은 성전, 성경, 유대 민족의 교육 등과 관련된 종교적 관습과 전통에 전념하려는 경향이 있다. 특별히 지명된 이 사람들은 예수의 시대까지 명맥을 유지해 왔다. 그런데 이들 중 좀 더 '구별되어' 보이는 몇몇 무리가 있었다. 바리새파(Pharisses)라고 불리는 율법 교사들은 남들보다 더 율법을 지키는 구별된 집단이었다. 진리와 지식의 수호자였던 이들은 유대 민족이 지켜야 할 종교적 행위를 지시했다(바리새인들은 정치권력이나 금품으로 말미암아 부패하는 경우가 적지 않았다). 사두개파(Sadducees)는 성전을 자주 드나들고 감시하는 종교적 상위 계층이었다.

예수는 이들 집단 중 누구도 좋아하지 않았다.

에세네파(Essenes)라는 일종의 고대의 수도승도 있었는데, 이들은 속세에서 멀리 떨어져 살면서 단순함과 완벽한 경건을 추구했다. 이런 집단에서 수많은 랍비가 나왔고 이들은 자신을 따르는 무리를 가르쳤다. 랍비들은 자신을 속세인과 달리 하나님의 고유한 소명을 받은 '구별된' 존재라고 생각했다.

예수의 삶이 특이했던 건 그가 오셨을 때 이들 부류에 속하지 않는 남녀를 부르셨다는 점이다. 그들은 말 그대로 '서민(peasants)'이었다. 제자들은 평범한 사람들이었다. 직업은 어부, 의사, 목수, 세금 징수원이었고 나머지도 평균적인 사람들이었다. 예수 주변에 모인 여인들도 대개 농사를 짓거나 시장에서 물건을 파는 사람들이었다. 그중에는 자기 몸을 팔아 생계를 유지하는 여인도 있었다. 그 여인은 제자 무리에 합류하면서 틀림없이 직업을 바꿨을 것이다. 또한 그녀도 다른 제자들처럼 뭔가 다른 일을 하면서 예수의 사역을 지원했을 것이다. 제자들은 나중에 '사도(apostles)'가 된다. 사도는 예수 운동의 새로운 지도자에게 부여된 새로운 이름이다. 그중 바울도 있었는데 그는 회심하기 전에 바리새파 중에서도 가장 극단적인 종파에 속한 사람이었다. 예수께 돌아선 뒤로는 영적 엘리트 계층이라는 '구별된' 소명 의식을 버리고 평범한 사람들처럼 자기 직업을 가지고 사도직을 감당해야 했다. 다시 말해, 바울은 진짜 영적 능력을 얻게 되자 제일 먼저 영적 특권 의식에서 벗어나야 했다.

우리의 소명에 관한 말씀들을 묵상해 보자.

> 쉬지 말고 기도하라(살전 5:17).
>
> 조용히 자기 일을 하고 너희 손으로 일하기를 힘쓰라(살전 4:11).
>
> 누구든지 일하기 싫어하거든 먹지도 말게 하라(살후 3:10).
>
> 너희는 왕 같은 제사장들이요(벧전 2:9).
>
> 우리에게 화목하게 하는 직분을 주셨으니(고후 5:18~19).

목회에 관심이 있는 사람이라면 전문적인 목회 사역에 더 많은 시간을 쓸 수 있다. 하지만 생계를 외면해서는 안 된다. 위의 구절들은 모든 사람을 향한 말씀이다.

하나님 나라는 각 분야에서 일하는 사람들을 필요로 한다.

예수는 심지어 제자들에게 추수할 '일꾼'을 더 많이 보내 주기를 기도하라고 가르치셨다. 흥미롭게도 예수는 더 많은 리더, 더 많은 목사, 더 많은 사제, 더 많은 주교라고 말씀하시지 않았다. 단지 '일꾼'이라고만 하셨다. 랜스 포드는 「언리더」(UnLeader)라는 책에서 이렇게 썼다.

> 영어로 번역된 신약 성경을 보면 'leader(지도자)'라는 단어가 총 여섯 번 밖에 나오지 않는다. 반면 'servant(종)'라는 단어는 200번 이상 나온다. 교회를 섬기라고 부름 받은 우리가 왜 '서번트십(servantship)'보다 '리더십(leadership)'에 그토록 목을 매고 있는지 돌아봐야 한다. 예수는 "나는 섬기는 자로 너희 중에 있노라"(눅 22:27)라고 말씀하셨다. 우리가 진짜 예수처럼 되길 원한다면, 진정 예수를 따르고 싶다면, 리더십보다 서번트십을 추구해야 한다. 할 수 있는 한 가장 큰 종이 되도록 노력해야 한다.[1]

나는 사람들을 하나님의 목적으로 인도하는 데 영향을 미치는 진정한 리더십을 믿는 사람이다. 하지만 우리가 에베소서 4장에서 '리더'라고 부르는 사람들(사도, 선지자, 복음 전도자, 목사, 교사)도 사실은 하나님의 가정을 세우는 '종'들이다. 성도들(평범한 일꾼들)은 사역하도록 부르심을 받은 사람들이다. 즉 전문 목회자들은 하나님 나라를 세우는 데 가장 중추적 역할을 하는 보통 사람들을 준비시키는 역할을 한다는 것이다. 그러나 오늘날 많은 직업 사역자들은 사역하는 것에만 매여 있다. 왜냐하면, 자신의 소명에 대한 전체적인 조망을 하지 못하는 '소비자 그리스도인'들에게 월급을 받고 있기 때문이다.

모든 사람은 하나님의 사역자요 성직자로 부름 받았다. 모든 사람은 일해서 먹고 살도록 부름을 받았다. 모든 사람의 삶의 자리는 성스럽기도 하고 세속적이기도 하다. 하나님은 이 모든 것을 사용하신다. 예수도 일했고 바울도 일했다. 고된 노동이라는 '복된 저주'를 받아야 한다면(가령 은행, 맥주 공장, 서점 같은 데서 일을 해야 한다면), 그곳에서 하나님의 영광을 위해 저주에서 구원받는 남다른 기쁨을 얻게 될 것이다.

저주를 당한 예수

이곳 덴버에서 나는 형제 네 명과 함께 서로 격려하고 기도하는 소모임(accountability group)을 하고 있다. 이들은 각자 나름대로 독특한 직업을 가지고 있는데, 그중 데이브(Dave)라는 형제가 하는 일이 진짜 걸작이다. 데이브는 법무법인에서 일하고 있었는데, 일주일에 몇 시간 의뢰인을 접대하는 일만 해도 풀타임 월급을 주었다. 데이브는 나머지 시간을 교회 봉사를 하는 데 사용했다. 어느 날 골프장의 페어웨이를 내려오다가 데이브가 이렇게 말했다.

믿음을 살다

"휴 목사님, 저는 진짜 축복받은 삶을 살고 있어요. 의뢰인들하고 골프 치면서 놀러 다니거나 맛있는 음식을 먹으면서도 풀타임 월급을 받죠. 남은 시간은 덴버 시를 변화시키는 사역에 사용할 수 있어요. 목사님, 저는 '저주'에서 해방되었어요!"

나도 인정한다. 정말 부러웠다. 215야드 지점에 이르러 나는 3번 아이언으로 연습 스윙을 하면서 이렇게 말했다.

"데이브, 제가 생각하면 할수록, 하나님이 당신을 정말 좋아하시는 것 같아요. 심지어 예수도 그 저주에서 벗어나지 못했거든요."

창세기에서 아담과 하와가 죄를 범하자 곧바로 하나님은 죄의 결과로 아담을 비롯한 모든 인류가 땅에서 평생 수고해야 소산을 얻을 수 있다고 말씀하셨다. 요컨대, 우리는 힘들게 일할 수밖에 없다. 우리는 우리 자신이 마땅히 일해야 한다는 것을(그리고 필요하다는 것도) 알고 있다. 하지만 이 땅에 오신 예수도 자기 몸을 낮춰서 우리가 받은 노동의 저주를 받아야 하는 건가?

성육신을 앞둔 예수께서 앞으로 일어날 일에 대해 아버지와 어떤 대화를 나누었을지 상상해 보았다. 둘은 틀림없이 유혹, 여자, 배신에 관해 대화했을 것이고, 모든 정치권력을 다루는 법, 섬기는 리더로 성장하는 법, 그리고 당연히 십자가 죽음에 관해서도 이야기했을 것이다. 아버지와 아들은 영원에 초점을 맞추고 있었지만, 그래도 대화 주제들이 가볍지 않았다. 그런데 예수께서 자신이 저주 때문에 죽어야 할 뿐 아니라 몇 년 동안 저주로 인한 노동을 해야 한다는 사실을 알고는 의아하게 생각했을 것이다! 한 가지는 분명하다. 예수도 우리처럼 일하느라 힘든 시간을 보냈다는 것이다.

당신은 일하면서 가장 힘들었던 날을 기억하는가? 나에게도 그런 날이 있었다.

무더운 8월의 어느 날이었다. 객실이 16개가 있는 새 콘도에서 페인트칠 작업을 하고 있었다. 나는 지붕 위에서 홈통(지붕 빗물을 받아서 배출시키는 통 – 역자 주)과 처마돌림(서까래 끝에 붙이는 긴 널빤지 – 역자 주) 부분의 페인트칠을 마무리하고 있었다. 일할 분량을 생각해서 흰색 페인트를 20ℓ 통에 가득 담아 아스팔트 지붕 위에 올려놓았다. 페인트 통은 밑에 나무 막대기들을 깔고 그 위에 잘 고정해 얹어 놓았다. 나는 바닥에 방수포를 깔아 지붕에 물이 한 방울도 새어들지 못하게 했다. 모든 일이 순조롭게 돌아가고 있었다.

그런데 이를 어째, 모든 게 잘 되고 있었는데 한순간에 모든 게 엉망이 되고 말았다. 지금도 어찌 된 영문인지 모른다. 지옥에서 루시퍼가 거대한 용을 보내서 페인트 통을 넘어뜨린 게 분명했다. '탁'하는 소리가 나더니 다시 '쉭'하는 소리가 들렸다. 고개를 돌리자 20ℓ 페인트 통이 넘어져 페인트가 모두 지붕 위에 쏟아졌고, 새로 닦은 도로까지 흘러내려 갔다. 그야말로 '멘붕'에 빠졌다. "오, 세상에! 맙소사! 이를 어째!"

지금 이 순간이 꿈이길 간절히 바랐다.

지붕 위에 퍼진 페인트를 닦기 시작했다. 페인트가 발에 계속 밟혔다. 정신없이 미친 사람처럼 돌아다녔는데, 마치 디트로이트 라이언스(Detroit Lions) 축구팀이 지붕 위를 사정없이 뛰어다니는 것 같았다! 아아! 옥상에서 지상으로 내려왔을 때, 이 건물이 신축이라 공사 중인 곳에는 물이 아직 나오지 않는다는 사실이 생각났다. 그래서 다시 비행 청소년 시절로 돌아가 3.5m나 되는 철조망을 넘어가 이웃에 있는 사람에게 호스를 여러 개 빌렸다. 그 호스를 하나로 연결한 후 물을 틀었다. 그러고는 장장 8시간 동안 철 솔로 지붕 위의 페인트를 제거했다. 아으!!!

거기서 끝난 것이 아니었다!

새 지붕을 엉망으로 만든 값을 치르기 위해 무상으로 6주 동안 페인트칠을 해야 했다. 실은 지난여름에 있었던 일은 하나님 앞에서 입 밖에 꺼내지도 않았다. 내 인내심은 한계점에 도달했고, 은행 계좌는 말라 갔고, 나의 신학은, 글쎄 … 조금 흔들렸다. 교회 개척을 시작하고 첫해였는데, 하나님께서 페인트 통이 기울어진 사건 때문에 낭비한 시간과 돈에 대해 아무런 보상도 해 주지 않는 것 같아 너무 혼란스러웠다.

당시 매주 화요일마다 형제들과 신앙 모임을 모였는데, 거기서 나는 리더 역할을 하고 있었다. 그들에게 자초지종을 털어놓았다. 그렇게 다 실토한 후 이렇게 말했다. "자네들이 무신론자나 다름없는 이 목사를 제발 잘 받아 주기만 바랄 뿐이야!" 이 친구들은 나에게 다가와 위로해 주었고 힘든 시기에 필요한 진정한 형제가 되어 주었다. 남은 여름 동안 나는 눈에 띄게 회복되었다. 무엇보다 이 친구들이 자신들처럼 인생의 우여곡절을 거치고 있는 나를 이해해 주었기 때문이다.

예수께서도 이런 나날을 보내셨을 텐데 신적인 능력을 발휘해 고난을 뛰어넘지 않았다는 사실을 알고 나니 그분의 성육신이 더욱더 존경스럽다. 나는 이 부분에서 예수가 가진 구원의 의지를 깨닫게 된다. 예수는 일하면서 우리와 눈높이를 맞추셨다. 일을 통해 평범한 사람들과의 연결 고리를 만드는 한편, 노동에 대한 색다른 태도와 관점을 보여 주셨다. 예수의 노동은 그저 노동으로 끝나지 않았고, 구원으로 가는 하나의 과정이었다. 예수는 저주를 어떻게 끊어버리는지 우리에게 보여 주셨다.

저주의 복... 트라피스트 수도사로 회귀!

자, 이제 우울한 이야기는 그만하고 재미있는 이야기로 넘어가 보자. 우리는 성속에 관해 옛 신앙의 선배들에게서 많은 걸 배울 수 있다. 내가 좋아하는 선배들은 바로 트라피스트(Trappist) 수도사들이다. 그들은 '기도와 노동'이라는 성 베네딕트(Saint Benedict)의 규율을 따랐다. 물론 당시 다른 수도회들도 있었고, 많은 수도회가 살아남기 위해 분투했다. 트라피스트 수도회는 자급자족하는 공동체였다. 도시와 멀리 떨어져 있던 여타 수도회들과 달리 도시 근처에 살면서 그들이 만든 생산품을 도시 사

믿음을 살다

람들에게 제공했다. 그래서 기도하고 노동하라는 자신들의 소명을 지켜나갈 수 있었다. 그들은 빵을 굽고 맥주를 만들고 가축을 길렀다. 또 오늘날의 숙박 시설과 같은 기능도 했다. 중세 시대 전체 경제 생산량의 20~30%는 트라피스트 수도회의 농·수공업 생산에서 나왔다고 한다. 놀랍게도 종교개혁 시대에 영국 전 국토의 3분의 1을 이 성스러운 세속주의자들이 소유하고 있었다! 로드니 스타크(Rodney Stark)는 자신의 책 「이성의 승리: 어떻게 기독교는 자유, 자본주의, 서구의 승리를 이끌었나」 (*The Victory of Reason: How Christianity Led to Freedom, Capitalism, and Western Success*)에서 자본주의는 9~11세기 수도회에서 발명했다고 주장한다. 탐욕스럽고 이기적인 사회와 달리 수도회는 하나님께서 그분의 자원을 세상에 제공하게 하신다고 믿었기 때문이다. 그래서 하나님의 마음으로 사람들을 축복하고 지속적으로 생산품을 만들어야 한다는 소명을 따랐다. 그들은 진실함, 자비, 창조력, 고된 노동을 통해 세상을 바꾸었다.

하지만 모든 수도회가 그런 가치 있는 경제생활을 했던 건 아니다. 불교의 승려들처럼 프란체스코회 수도사나 도미니크회 수도사는 자선이나 기부에 의지해 살았고, 때로는 거리에 나가 구걸을 하기도 했다. 예수처럼 '구별된' 사람들은 공급해 주시는 것에 따라 살아야 한다고 믿었다. 나는 다른 사람에게 의존하는 삶은 사람들을 설득하는 데 별 도움이 되지 않는다고 생각한다. 물론 각자의 소명에 따라 다양한 삶의 방식이 있다는 것도 알고 있어야 한다. 선교학에서는 오늘날 사람들이 당면하는 경제, 사회, 국제적 이슈를 고려해 그들에게 복이 되고 내 삶을 지속해 나갈 수 있는 최고의 방법이 무엇인지 스스로 질문해 보라고 한다. 나는 우리가 살고 있는 시대에는 트라피스트 수도사들의 접근법을 취하는 사람들이 자신의 삶을 알차게 살면서 다른 사람들에게도 선한 영향력을 미칠 수 있다고 생각한다.

현대판 트라피스트 수도회

꽤 많은 사람이 나의 첫 책 「손에 잡히는 하나님 나라: 성육신적인 공동체 만들기」(The Tangible Kingdom: Creating Incarnational Community)를 보고 나를 알아봐 주었다. 이 책에는 친구들 몇 명이 덴버에 함께 모여 실제로 손에 잡히는 하나님 나라를 만들기 위해 고군분투한 이야기를 담았다. 이 작은 공동체 사람들은 모두 직업을 가지고 있었지만, 하나님 나라에 대한 예수의 가르침에 맞춰 나름대로 삶의 리듬을 만들어 냈다. 우리가 하나님 나라를 손에 잡히게 하고 복음적인 삶을 살아내면, 다른 사람들이 자연스럽게 공동체로, 그리고 하나님께로 다가오게 될 거로 생각했다. 우리는 거의 3년 동안 교회에 출석하지 않았고, 대신 각자의 직장에서 열심히 일하고, 저녁 식사 시간과 주말에 함께 식사하고 서로 격려하며 복을 빌어 주었다. 모두가 소속감을 느꼈고 모두가 복을 받았다. 그리고 하나님은 우리의 세속적 삶 가운데

믿음을 살다

서 성결한 것을 드러내셨다.

아둘람 공동체도 세워진 지 거의 10년이 되었다. 이제 규모도 상당히 커졌고, 전임 사역자 여러 명에게 월급을 줄 수 있을 정도로 재정도 넉넉해졌다. 하지만 우리는 '이중직 모델(bivocational model)'을 유지하기로 선택했다. 우리 공동체에는 풀타임 사역자가 없다. 앞에서도 말했지만, 나는 풀타임 사역자에 대해 나쁘다고 생각하지 않는다. 하지만 그리스도의 몸 가운데 작은 부분이라도 세상 속의 노동과 연결하고 싶다. 그래야 좀 더 세상과 통하는 감각을 유지하고 자연스럽게 세상 문화와 상호 작용할 수 있다. 또 '소비자 그리스도인'을 만족하게 하는 프로그램을 유지하느라 돈을 낭비하지 않아도 된다. 이런 공동체의 삶이 가끔 힘들 때도 있지만, 우리는 함께 이 싸움을 분담한다. 공동체에 들어온 그리스도인들에게 자신의 삶과 소명, 실제적인 분투에 대해 깊이 이해하도록 공동체가 함께 도울 수도 있다. 우리가 다른 사람들에게 주는 모든 시간과 모든 재정이 중요하다. 우리는 엄마, 아빠, 교사, 엔지니어, 코치, 건설업자, 바리스타로 위장해 섬기는 풀타임 선교사들의 공동체다. 우리가 말하는 '이중직(BiVO, bivocational)' 삶이 무엇인지 더 알고 싶다면 이 주제에 관한 책 「이중직」(BiVO)을 참고하길 바란다.

나는 공동체에서 임원급 리더에 해당하지만, 여전히 세상에 나가 일주일에 30시간씩 일한다. 힘이 들긴 하지만, 이렇게 함으로써 함께하는 우리 팀과 공동체 식구들이 자유와 기회, 영감을 얻을 수 있어 좋다. 우리 교회 공동체의 한 달 예산은 다른 일반 교회 예산의 6분의 1밖에 되지 않는다. 따라서 우리의 시간과 재능, 재물을 하나님께서 마음에 두신 곳에 사용할 수 있다. 우리가 복음을 전하고자 하는 이들의 삶에 집중할 수 있다.

우리는 '차디킴(tsaddiqim)'이라고 불리는 공동체를 세운다고 믿는다. 차디킴은 '의인(the righteous)'을 뜻하는 히브리어다. 자세히 말하면, 하나님을 따르고 도시에 복을 가져오는 사람들이다. 잠언 11장 10절에서 "의인이 형통하면 성읍이 즐거워" 한다고 했다. 예수께서 이 어둠의 왕국 가운데 하나님 나라를 세우신 것처럼, 형통한 하나님의 사람들이 일어서면 모든 도시가 형통해진다. 차디킴 안에는 개별화된 신앙이 없다. 대신 각자가 이웃의 화평을 위해 하나님 나라의 자원을 전하는 데 헌신한다.

이 모든 생각은 우리가 그 참뜻을 잊어버린 한 단어로 귀결된다. 그 단어는 바로 '축복(blessing)'이다. 교회에서는 늘 '선교적인(missional, 보냄을 받는다는 뜻)' 것에 관해서만 이야기한다. 그러면 나는 자주 이런 질문을 던진다. "보냄을 받은 뒤 무엇을 할 것인가?" 답은, 예수를 따르는 모든 자는 사람들에게 축복을 전하기 위해 보냄을 받는 것이다. 축복이란 하나님의 은혜가 그들의 손에 잡히게 하여 주는 것을 의미한다. 성육신의 삶을 사는 우리 각자가 사람들에게 얼마나 손에 잡히는 축복을 전해 주었는지를 통해 우리의 목적과 과정, 진척 정도를 가늠해 볼 수 있다. 그리고 가장 잘 알려진 축복은 '샬롬(shalom, 평화)'이라는 유대의 개념 안에서 찾아볼 수 있다.

샬롬은 '하나님의 최초 설계'라는 말의 또 다른 표현이다. 우리가 세상 속에서 회복해야 할 네 가지 영역이 있다.

1. 하나님과의 평화
2. 자기 자신과의 평화
3. 다른 사람들과의 평화
4. 창조 세계와의 평화

샬롬은 단순히 당신이 사람들에게 빌어 주는 복이 아니다. 샬롬은 아름다움, 우정, 육체적 건강, 위기 중재와 회복, 안전, 그리고 폭력과 부당, 학대와 기아 방지를 통해 당신이 영혼들에게 가져다주는 현실이다. 샬롬은 일을 하지 못하고 있는 사람에게 경제적 안정과 교육, 일할 수 있는 권리를 보장해 준다.

'차디킴'은 사회 구석구석에 존재하기 때문에 우리가 가진 직업은 모두 일종의 '녹색' 일자리이다. 성경에서 "무슨 일을 하든지 마음을 다하여 주께 하듯 하고"(골 3:23)라고 했듯이, 모든 일터에서 맡겨진 일을 더 안전하고, 즐겁고, 창조적이고, 유익하게 만들어 나간다면 이를 통해 하나님의 복음을 드러낼 수 있을 것이다. 조금 전에도 말했지만, 오늘날 우리 신앙 공동체에서는 누군가 나서서 사람들이 일자리를 찾을 수 있도록 도와야 한다. 만약 당신이 사업을 키울 수 있고 그것을 사명으로 여긴다면 하나님 나라의 영향력을 크게 미치게 될 것이다.

하나님의 의로운 사람들이 똘똘 뭉쳐 모든 재능과 열정, 자원을 사용하고자 할 때, 우리는 자연스럽게 주변의 이웃과 우리가 사는 도시를 향한 하나님의 마음으로 이어진다. 그리고 결국에는 사람들의 필요를 느끼게 된다. 일터를 회복시키려는 구상이 세상을 구원하기 위한 하나님의 계획 가운데 최우선이자 핵심이다. 당신은 저주처럼 느껴지는 노동에 하나님의 복이 임하도록 그분께 내어 드려야 한다. 이제 당신의 직업에 대해 불평을 멈추고 그 일이 새롭게 거듭나기를 기대하며 샬롬을 찾고 구해야 할 때이다.

다시 두 신학생에게 돌아가서

당신은 이제 우리 '전문 성직자'에 대해 궁금증이 생길 것이다. 아까 두 신학생이 세상에서 직장을 구하고 교회 안에서도 섬기는 삶을 사는 게 가능할까? 물론 가능하다. 성경에는 돈을 버는 세 가지 기본적인 유형이 나타나 있다. 세 가지 모두 좋은 방법이다. 당신에게 가장 적합한 방식을 한 가지 고르면 된다.

첫 번째 방식은 전임 사역자가 되는 것이다. 목사, 선교사, 사제, 간사가 되어서 마땅히 임금을 받을 수 있다(딤전 5:18). 당신이 현재 성도들의 필요를 돌아보며 섬길 수 있는 일을 구한다면, 그 걸로 매우 좋은 일이다. 하지만 분명히 알아야 할 점은 당신이 하나님의 사람을 준비시키는 일을 하는 것이지 그들을 위해 일을 하는 것은 아니라는 것이다.

두 번째 방식은 내가 지금 택하고 있고 바울도 택했던 '이중직(bivocational)'이다. 간혹 바울은 돈을 벌어서 동료가 전임사역을 하는 데 지원했다. 또 사람들에게 폐를 끼치지 않으려고 밤낮으로 일하면서 복음을 전하기도 했다(살전 2:9; 살후 3:8). 이는 바울이라는 선교사가 시간제 근무라도 하면 사람들에게 더 많은 영향력을 미칠 수 있다는 사실을 알고 있었다는 점을 보여 준다.

세 번째 방식은 직업을 구해 풀타임으로 일을 하는 것이다. 당신이 다른 사람들에게 '의인'이 되고 '샬롬'을 전해 줄 수 있는 직업이라면 어떤 것이든 좋다. 위의 세 가지 방식은 모두 동일하게 귀한 소명이다. 모두 똑같이 거룩하며 하나님은 모든 일에 축복하신다.

당신이 받을 고통을 선택하라

세 가지 방식 모두 힘들다는 점도 말해야겠다. 회사에서 일하는 것도 교회에서 일하는 것 못지않게 힘이 든다. 저주는 여전히 저주다. 사역지에서 전임으로 소득을 얻는 것은 결코 쉬운 일이 아니다. 노동은 노동이다! 나는 올해로 목회를 25년을 했는데, 감히 주위 사람들에게 이 길을 가라고 권하지 못한다. 목사의 삶은 온갖 나쁜 것들을 마주해야 하는 삶이다. 알다시피 우리처럼 작은 교회의 목사들은 월급도 많지 않다. 목사들은 직접 직업의 현장에 마주치는 애로 사항들은 피할 수 있지만, 전체 성도들의 애로 사항을 한꺼번에 끌어안고 살아가야 한다. 다시 말해 거의 매일 뭔가 좋지 않은 것에 집중하며 살아야 한다. 이 일은 절대 완결되지 않는다. 목회하는 동기도 끊임없이 돌아보게 된다. 목사들은 이러한 까닭에 일반인들의 삶과 다른 위치에 있다. 그들은 평범한 삶을 살지 않는다. 그러니 여유를 조금만 주자. 그들은 다른 사람들을 위해 기꺼이 희생하고 있다!

당신에게 가장 적합한 방식이 어떤 것인지 하나님께 물어라. 사역한다고 지나치게 거룩하게 여기지 말고, 일반 직장에 다닌다고 거룩하지 않다고 여기지도 말라. 세속적인 것에서 성결한 것을 만들어 낼 수 있도록 하나님께 맡겨 드리라. 하나님은 그렇게 하실 것이다.

생각

당신에게 복음의 메시지를 전하는 이들은 주로 어떤 계통의 사람들인가? 그들 중 일반 직업을 가진 일반인들은 몇이나 되는가? 이 사실은 세상에 이르려고 하는 하나님의 계획과 관련해 무엇을 말해 주는가?

 ## 느낌

당신은 얼마나 자주 당신의 직업에 대해 혼잣말로, 또는 다른 사람에게 불평을 쏟아내고 있는가? 일이 힘들고 짜증이 나거나 마음을 무겁게 짓누를 때도 있다. 이건 저주다! 당신이 이 저주에서 벗어나 하나님께 영광을 돌릴 길을 찾는다면 어떤 느낌이 들까 생각해 보자. 또 당신이 하는 일이 얼마나 힘든지, 그리고 매일 누가 당신을 격려하는지도 생각해 보자.

 ## 실행

하나님께 드릴 당신의 직업에 대한 사명 선언문을 적어 보자. 내가 항상 해야 할 일과 절대 하지 말아야 할 일, 그리고 다른 사람에게 샬롬을 전하기 위해 이 직업을 어떻게 활용할 수 있는지 적어 보자. 이 짧은 사명 선언문을 당신의 일터에 붙여 놓자.

8

당신이 둘러엎어야 할
상은 무엇인가

●

하나님을 위해

싸움을 걸다

실외 기온이 섭씨 5도 정도로 쌀쌀한 날이었다. 트럭에 기름을 넣으려고 주유소로 들어갔다. 차에서 재빨리 뛰어내려 결제 카드를 주유 기계에 꽂았다. 그런데 기계는 계속 쓸데없는 질문만 하면서 시간을 끌었고 나는 짜증이 났다.

"고객님은 직불 또는 신용 카드를 사용하시겠습니까?" '빨리만 해 준다면 드라크마라도 사용할게, 얼른 좀 서둘러라!'

"고객님은 세차하시겠습니까?" '됐네요. 지금 세차하면 차 앞유리에 금이 갈 거야!'

"고객님은 영수증이 필요하십니까?" '네, 그 영수증 종이를 속옷의 단열재로 써야겠네!'

마침내 주유 기계는 기름을 넣을 수 있도록 허락해 주었다.

미터기가 올라가자 나는 몸을 녹이기 위해 다시 차로 뛰어 들어왔다. 차에 앉아 바깥을 보고 있는데, 길가에 앉아 있는 한 남자가 눈에 들어왔다. 팻말을 들고 구걸하는 사람이었다. 알다시피 이런 사람들은 어디서나 볼 수 있다. 그리고 그들도 실제로 사람이라는 사실을 쉽게 잊어버린다.

하지만 이번에는 아니다.

나는 추워서 덜덜 떨며 가까스로 기름을 넣었는데, 저 남자는 어떻게 이 추위를 견딜 수 있었을까? 그 사람에 대해 걱정과 호기심이 교차했다. 나는 기계에서 잔돈을 꺼냈고, 모자를 쓰고 상의의 지퍼를 올렸다. 그러고는 그가 있는 길가 쪽으로 향했다.

그가 정신적으로 문제가 있을 거라는 나의 예상은 보기 좋게 빗나갔다. 그는 나를 올려다보면서 인사를 건넸다.

"선생님, 오늘 아침은 어떠세요?"

그의 목소리 톤이 생각보다 친절하고 부드러웠다. 나는 차가운 북풍을 조금이라도 막아 주려고 그의 바로 앞에 무릎을 꿇고 앉았다.

"네 좋습니다. 근데 이렇게 추운 날씨에 괜찮으세요?"

내가 물었다.

그는 솔직 담백한 어조로 대답했다.

"예, 오늘은 꽤 쌀쌀하네요. 그래도 이 정도면 감사하죠. 이보다 훨씬 추운 날도 여기 나와 있었는데요."

소탈한 모습에 놀란 나는 지금 가진 돈이 몇 푼 안 된다고 말해 주었다. 그가 두 손으로 동전을 받으려고 하는데 손이 꽁꽁 얼어 손가락 사이로 동전이 빠져나갔다. 그는 나와 눈을 마주치며 더듬거렸다.

"선생님, 도와주셔서 정말 고맙습니다. 근데 손이 너무 차가워서 동전을 집을 수가 없네요. 죄송하지만 이 동전들을 가지고 주유소 직원에게 가서 지폐로 좀 바꿔 주실 수 있을까요? 안 되면 따뜻한 커피 한 잔이라도 사다 주시면 감사하겠습니다."

순간 나는 믿기 힘들 정도로 비탄에 빠졌다. 마치 하나님의 진노가 내게 임하는 것 같았다! 속으로 나 자신을 이렇게 꾸짖었다. '홀터, 이 나쁜 놈아. 잔돈 처리할 생각 말고 그에게 10달러를 줬어야 하는 거 아니냐!'

"선생님은 성함이 어떻게 되세요?" 내가 묻자, 그는 이름을 얘기해 주었다. 나는 그의 손에 있던 동전을 조심히 다시 가져오고 길바닥에 떨어진 동전도 주우면서 말했다.

"조(Joe), 잠깐만 기다리세요. 제가 들어가서 뭐 좀 사 올게요." 나는 찬 공기를 뚫고 편의점으로 들어가 먹을 것과 따뜻한 커피, 세면도구 등을 사서 다시 나왔다. 돌아오는 길에 트럭으로 가서 담요와 여분의 신발과 장갑도 챙겼다. 다시 돌아와 조가 앉아 있는 곳 옆에 담요를 매트처럼 포개서 깔아 놓았다. "조, 이 담요 위에 앉아 볼래요? 여기가 더 따뜻할 거 같은데." 나는 그를 일으켜서 담요 위에 앉히고는 얼음 조각 같은 그의 손에 장갑을 끼우고 손에 커피를 쥐여 주었다. 그리고 주머니에 20달러 지폐를 넣어 주었다. 조는 나를 쳐다보더니 윙크했다.

따뜻한 트럭으로 돌아온 나는 천천히 그 자리를 떠났다. 눈에 계속 눈물이 차올라 앞을 보기가 힘들었다. 내가 보인 무정함에 너무나 실망스러웠다. 동정심이 메마른 나에게 화가 치밀어 올랐다. 조가 오늘도 온종일 그 추위에 떨고 있을 생각을 하니 마음이 아팠다. 짧은 시간 선행을 했는데도 내게는 이토록 깊은 감정이 몰려왔다. 나에게 그렇게 화를 내 본 건 정말이지 그때가 처음이다.

단지 남을 판단하지 않고, 종교적이지 않은 삶을 산다고 해서, 또는 엄청난 사랑을 베풀며 산다고 해서 성육신적인 삶을 사는 건 아니다. 그렇다고 이웃들과 맥주를 마시고, 게이인 친구들과 사귀며, 이웃집의 잔디를 깎아 주는 것 자체도 '육체적인 신앙(fleshy faith)'은 아니다. **성육신은 본질적으로 사람들에게 진짜 하나님을 보여 주는 것이다.** 진짜 하나님은 세상에서 일어나는 일에 대해 분노하실 때도 있다. 그분은 사랑의 하나님이시다. 하지만 마찬가지로 정의의 하나님이시기도 하다. 그래서 당신이 하나님을 따르고 그분처럼 되기 원한다면, 가끔은 그분이 소중히 여기는 것을 지키기 위해 싸워야 필요가 있다. 그렇지 않으면 하나님이 당신에게 싸움을 걸어올 수도 있다.

격노(激怒)

요한복음 2장은 내가 성경에서 제일 좋아하는 부분이다. 그 장은 예수께서 최초로 행하신 기적 이야기로 시작한다. 예수는 가나안 혼인 잔치에서 물을 포도주로 바꾸었다. 여기서 '파티 가이(party guy)' 예수의 성육신적인 아름다움을 엿볼 수 있다. 그런데 그 일 후에 일어난 사건이 내 시선을 사로잡는다. 다음 날 아침, 예수는 어머니와 형제들, 제자들을 데리고 가버나움으로 가서 며칠 동안 머물렀다. 그리고 유월절 기간에 예루살렘으로 올라갔다. 그때 성경에 기록된 놀라운 사건 중 하나가 발생했다. 성전에서 제물을 팔고, 가난한 사람을 착취하고, 종교를 돈을 버는 수단으로 이용하는 사람들을 보시고는 예수께서 격분하셨다.

예수가 '이성을 잃고' 화를 낸 것 아니냐고 생각할 수도 있다. 하지만 15절을 보면, 예수는 침착하게 움직이기 시작했고, 성전에서 팔고 있는 물건들을 확인했다. 그리고 일부러 가죽끈으로 채찍을 만들어 사용했다. 서부 영화에서 배우 클린트 이스트우드(Clint Eastwood)가 적들이 가득 모인 술집에 조용히 들어가 모두 해치우고 나오는 것처럼 예수께서도 성전에서 장사하는 사람들을 모두 내쫓으셨다. 대혼란이 발생했다! 예수가 허공을 가르며 휘두르는 채찍 소리가 울려 퍼지자 사람들의 모든 이목이 쏠렸다. 소와 양이 도망가는 바람에 장사꾼들이 예수를 공격하지 못하고 가축들을 뒤쫓아 갔다. 예수는 여기서 끝내지 않았다! 환전상들이 있는 곳으로 갔다. 그들은 사람들을 줄 세우기에 바빴다. 예수는 나무 상 아래쪽을 움켜잡더니 바로 뒤집어엎으셨다. 비둘기들이 푸드덕 머리 위로 날아가 버리고 사람들은 놀라 비명을 질렀다. 예수는 장사꾼들에게 고함을 지르셨다.

"이것을 여기서 가져가라. 내 아버지의 집으로 장사하는 집을 만들지 말라!"(요 2:16)

현지 사람들은 이 모습에 통쾌함을 느꼈을 것이다.

제자들은 모두 두려운 마음으로 지켜보았고, 그들 중 하나는 이 말씀을 기억했다.

"주의 전을 사모하는 열심이 나를 삼키리라"(요 2:17).

성육신의 목적은 우리가 하나님의 영광을 보는 것이다. 우리는 예수를 볼 때, 하나님의 사랑과 하나님의 자비와 하나님의 기쁨과 하나님의 선하심을 보게 된다. 하지만 잊지 말아야 할 점이 있다. 예수를 볼 때, 불공정과 학대를 싫어하시는 하나님의 분노와 열의도 보게 된다. 우리의 하나님은 소멸하는 불(consuming fire, 하나님의 준엄한 심판 의지를 나타내는 상징적 표현 – 역자 주)이다. 하나님 나라는 항상 창가에 불어오는 향긋한 봄바람 같진 않다. 가끔 천국은 격렬히 타오르는 불같이 임할 때도 있다. 이웃에게 전해 줄 쿠키를 만들 때도 있지만, 소동이 일어날 때도 있다. 이웃들은 우리가 긍정적인 것을 추구하는 모습도 봐야 하지만 부정적인 것에 저항하는 모습을 볼 때 더 강력한 인상을 받는다.

그렇다면 우리는 무엇에 저항해야 하는가? 무엇을 위해 싸워야 하는가?

앞의 이야기에서도 보았듯이, 예수는 어떤 종류의 종교적 허위의식도 허락하지 않으셨다. 우리는 이 사실을 꼭 기억해야 한다. 사람들에게 하나님을 보지 못하게 하는 요인은 다름 아니라 종교 자체다. 허례허식, 강압적 규율, 타인을 판단하는 위선적 태도, 공허한 미사여구, 선행 없는 예배, 신앙을 가장한 착취가 바로 그 요인이다. 다시 말해, 예수는 우리가 수평적인 관계를 무시하고 수직적인 관계만 추구할 때 더는 참지 않으신다.

수평적 관계가 없는 수직적 관계

쉽게 말해, 당신이 이웃과의 실제적이고 지속적인 사랑(수평적인)에는 신경 쓰지 않고 오로지 하나님과의 관계(수직적인)만을 추구한다면, 당신의 모든 종교 행위가 예수를 화나게 한다. 브랜든 해트메이커(Brandon Hatmaker)는 「맨발의 교회」(Barefoot Church)라는 책에서 우리가 북쪽과 남쪽으로만 가면 끔찍한 결과를 가져올 거라고 말한다. 다음은 브랜든이 몇 가지 예로 언급한 내용이다.

- 십계명 가운데 처음 네 계명은 우리와 하나님에 관한 것이고(수직적인), 나머지 여섯 계명은 우리와 다른 사람들에 관

한 것이다(수평적인).

- 예수께서 주신 지상 명령은 네 마음을 다하고 목숨을 다하고 뜻을 다하여 하나님을 사랑하고(수직적인), 네 이웃을 네 자신 같이 사랑하라는 것이었다(수평적인).

- 예수는 예물을 제단에 드리기 전에(수직적인), 형제와 문제가 생겼다면 먼저 형제와 그 문제를 해결하라고(수평적인) 가르치셨다.

- 바울은 남편들이 아내에게 잘못한 일이 있다면(수평적인), 하나님께도 기도하지 말라고 가르쳤다(수직적인).

- 요한일서 4장 20~21절 말씀. "누구든지 하나님을 사랑하노라 하고 그 형제를 미워하면 이는 거짓말하는 자니 보는 바 그 형제를 사랑하지 아니하는 자는 보지 못하는 바 하나님을 사랑할 수 없느니라. 우리가 이 계명을 주께 받았나니 하나님을 사랑하는 자는 또한 그 형제를 사랑할지니라."

- 예수는 당신이 다른 사람들을 용서하지 않으면 하나님도 당신을 용서하지 않을 거라고 가르치셨다.

- 심지어 예수는 우리가 다른 사람들을 대하는 태도가 정확히 하나님을 대하는 태도를 반영한다고 말씀하셨다. 마태복음 25장 45절 말씀이다. "내가 진실로 너희에게 이르노니 이 지극히 작은 자 하나에게 하지 아니한 것이 곧 내게 하지 아니한 것이니라."

- 마가복음 10장 14절에서 예수는 수직적인 종교와 어린 아

이들을 비교하셨다. "예수께서 보시고 노하시어 이르시되 어린 아이들이 내게 오는 것을 용납하고 금하지 말라. 하나님의 나라가 이런 자의 것이니라."

왜 종교 때문에 예수가 화를 내고 상을 뒤엎었는지 이제 이해할 수 있을 것이다. 예수는 그리스도인들이 형제와 이웃을 품지 않으면 바리새인처럼 된다는 사실을 알고 계셨다. 이렇게 문제를 제기하지 않으면 실제로 하나님을 가장 필요로 하는 사람들을 방치하는 결과를 가져올 거라는 사실도 아셨다. 종교는 많은 시간과 돈이 투입되지만, 결과물은 매우 미미하다. 예수에게 이런 형태의 신앙은 아무짝에도 쓸모없다. 따라서 예수께서 말씀하신 이 문제에 대해 우리는 시시때때로 검토해 보아야 한다.

나는 이런 종류의 비평을 할 때는 신중에 신중을 기한다. 내가 사랑하는 교회에 대해 필요 이상으로 우려하거나 우울한 분위기를 만들고 싶지 않다. 하지만 우리가 교회를 좀 더 정직하게 바라보고 유익한 비평을 할 수 있다면 교회 바깥의 사람들도 마음속으로 응원해 주리라 믿는다. 나는 교회를 아주 사랑한다. 나는 지역 교회의 목사이기도 하다. 그리고 역사상 교회는 인류의 발전에 크게 기여했다고 생각한다. 전 세계적으로 사회 제도, 자선 사업, 프로테스탄트 노동 윤리, 병원, 학교, 전통적 관용 사상 등을 전하는 데 힘써 왔다. 우리는 불평등, 기아, 질병, 가난, 사회적 · 성적 착취로 신음하는 세계로 다가가야 한다. 그

믿음을 살다

세계가 우리가 믿는 하나님의 진정한 얼굴을 구하고 있다. 이제 교회는 주일에 예배만 드리는 곳이라는 시각에서 벗어나야 한다. 주일 예배에만 최선을 다해야 하는 것이 아니다.

구약과 신약을 통틀어 하나님은 주변에 아무 관심도 두지 않고 예배만 드리는 것을 좋아하시지 않았다. 우리는 예수께서 환전상들에게 하셨던 것처럼, 우리 문화의 소비지상주의와 기꺼이 싸워야 한다. 수많은 사람이 트라우마, 성매매, 기아, 질병으로 매일 같이 고통 받는 상황에서, 교회 안팎의 소비지상적 문화는 자신들의 안위만을 위한 보금자리를 찾으라고 부추기고 있다.

하나님이 교회라는 조직을 구상하셨지만, 교회가 교회 자신을 위해 존재하고 기능하는 것은 바람직하지 않다고 생각하셨다. 교회는 '하나님의 사람들'이므로, 교회에 그렇게 많은 비용을 들일 필요가 없다. 프로그램을 운영하고, 사역자를 초빙하고, 교회 건물을 관리하려면 비용이 많이 들 수밖에 없다. 하지만 '교회' 자체가 수혜자가 되면 예수께서 분노하셨던 그 동일한 착취를 범하는 것이나 다를 바 없다. **예수는 절박한 사람들에게 진짜 사랑과 도움을 줄 수 있는 진정한 교회와 하나님 나라의 백성을 바라신다.** 수많은 교회의 지도자들이 자신의 소비지상적 태도를 재점검하고 성전의 환전상처럼 살지 않기 위해 애쓰고 있다. 나는 이들이 매우 자랑스럽다. 교회가 주변 문화로부터 인정을 받으려면, 제도화된 종교에 들이는 비용을 줄여야 한다.

예수는 그렇게 하셨다.

성경에는 예수께서 부당한 자들에게 싸움을 거는 모습이 나온다. 예수는 그들에게 '욕'을 하셨다. 당시 종교적 사기 행각을 벌이는 지역의 '목사'들에게 독사의 자식들, 독사의 새끼들, 지옥 자식(오늘날 '개새끼'라는 욕보다 더 심한 욕이다), 회칠한 무덤이라고 욕을 날리셨다. 예수는 사람들이 먹을 것과 진정한 믿음을 찾지 못하게 하는 자들에게는 인정사정없었다.

당신이 둘러엎어야 할 상은 무엇인가?

무관심은 당신이 시간, 돈, 노력을 들이지 않을 때 발생한다. 세계의 위기에 대해 듣지 않고 세계의 고통을 보지 않을 때, 당신의 감정과 열정은 둔해지고 그 상태로 방치하면 나중에는 아예 사라져 버리고 만다. **성육신적인 삶은 주변 상황에 항상 깨어 있고 언제든 도움을 줄 준비가 되어 있는 삶이다.** 가장 중요한 점은 당신이 실제로 싸움을 걸 수 있어야 한다는 것이다.

하지만 당신이 그런 생각을 하고 있지 않다면...

오늘 집으로 돌아와서 나는 아내가 진짜 나누고 싶은 이야기를 들었다. 아내는 내 컵에 커피를 붓더니 전자레인지에 넣었다. 전자레인지에서 삐 소리가 나자마자 아내가 말을 꺼냈다.

"오늘 만났어요."

굳이 아내에게 오늘 어땠냐고 물을 필요도 없었다. 아내는 마

믿음을 살다

음속에 있던 이야기를 쏟아내기 시작했다.

"우린 정말 기도해야 해요. 오늘 점심때 브리(Bri)를 만났어요. 브리의 딱한 사정을 들었죠. 나이는 21살이고 딸 제이다(Jada)는 4살이래요. 얼마 전에 집세를 내지 못해 쫓겨났고, 저번 주에는 자동차도 사고가 나서 박살 났대요. 이제 식당에 일하러 가려면 버스를 타고 다녀야 한대요. 딸도 돌봐 줄 사람이 없고요. 여보, 우리가 얼마 전에 동료들하고 또 다른 모임을 시작했잖아요. 그런데 수많은 아이들이(말 그대로 진짜 아이들) 가족도 없고 아무에게도 도움도 받지 못하고 있는데, 한쪽에서는 중산층인 성인들하고 시간을 보낸다는 게 불편해요. 우리 집에 힘들게 살아가는 십대와 이십 대 초반 아이들이 와서 도움을 받을 수 있도록 기도해요." 이 대화가 끝난 이후에 집이 없는 19살짜리 두 아이가 우리 집으로 들어오게 되었다.

우리 중 대부분은 집에 다른 누군가가 들어와 함께 사는 것이 어려울 수 있다. 우리는 모두 말쑥하고 안심할 수 있는 친구들과 성경 공부만 하고 싶을지 모르겠지만, 언젠가 누군가는 굶주리는 사람들을 맞아들여야 한다. 하나님이 그날 우리 부부에게 또하나 싸워야 할 것을 주셨다고 생각한다. 자기 스스로 살아가기 힘든 사람들을 위해 함께 분투해야 할 때다.

나는 당신이 무엇을 두고 싸워야 할지 잘 모른다. 하지만 이 것만은 깨달았으면 좋겠다. 세월은 유수 같이 흐르고, 당신이 싸울 만한 일을 발견하지 못하면 곧 자기 안위만을 위해 살아가게 된다는 사실 말이다. 하나님은 자신이 마음에 두고 있는 바를 공감할 만큼 우리가 성숙해지길 바라신다. 당신이 안전한 신앙만 추구한다면 결코 깊은 하나님의 뜻을 알 수 없다. 하나님의 뜻은 깊다. 그분은 우리를 깊은 곳으로 부르신다.

당신은 자기 자신을 위해서 싸워야 한다. 그리고 이웃을 위해서도 싸워야 한다. 우리는 모두 공동체를 원한다. 하지만 우리가 다른 누군가에게 도움이 될 때 최고의 공동체가 된다. 예수를 적극적으로 따르는 사람들이 모일 때 비로소 진정한 기독교 공동체가 이루어진다. 하나님의 뜻을 이루기 위해 힘써 싸우는 동료들과 함께하는 공동체는 단지 친구를 만나기 위해 모이는 공동체와 수준이 전혀 다르다. 디트리히 본회퍼(Dietrich Bonhoeffer) 목사는 이렇게 말했다. "공동체를 사랑하는 사람은 공동체를 무너뜨리지만, 형제를 사랑하는 사람은 공동체를 세운다." 함께 모일 친구만 찾는다면 자기 마음속에 세운 유토피아는 무너지지만, 사람들을 진정으로 사랑하게 되면 참되고 건강한 공동체를 이룰 수 있다는 말이다.

마지막으로, 사람들에게 하나님의 진정한 모습을 보여 주기 위해서도 싸울 필요가 있다. 최고의 증언은 하나님에 대한 개념을 사람들에게 말하는 것이 아니다. 복음을 보여 주는 가장 좋은 증거는 이름도 없고 힘도 없는 사람들이 끈끈하게 모여 있는 공동체 전체를 보게 하는 것이다. 예수를 따르는 사람들은 모두 활동가, 폐지론자 또는 적어도 옹호론자가 되어야 한다. 모든 기독교 공동체는 함께 소동을 일으킬 만한 것을 찾아야 한다! 마태복음 5장 16절은 이렇게 말한다.

"이같이 너희 빛이 사람 앞에 비치게 하여 그들로 너희 착한 행실을 보고 하늘에 계신 너희 아버지께 영광을 돌리게 하라."

당신이 '수평적으로' 산다면, 사람들은 당신을 통해 하나님을 '수직적으로' 볼 수 있을 것이다.

싸움을 위한 지렛대

한 사람이 온 세상을 바꿀 수는 없다. 그러나 당신이 한 사람을 위한 세상은 바꿀 수 있다. 무엇이든 신속하게 바꾸기는 어렵다. 하지만 하나님께 그분을 분노하게 하는 것과 마음을 아프게 하는 것이 무엇인지 묻고, 작지만 꾸준히 시간과 돈을 들이고 연대하며 기도한다면, 시간이 지나면서 무언가 변화가 일어나는 것을 보고 느끼게 될 것이다. 마태복음 11장 12절은 이렇게 말한다.

"세례 요한의 때부터 지금까지 천국은 침노를 당하나니 침노하는 자는 빼앗느니라."

하나님은 빛과 어둠의 싸움이 존재한다는 걸 아시기 때문에 우리를 함께 싸우도록 부르셨다. 함께 싸우는 것이 하나님의 백성으로 살아가는 '교회'의 능력이다. **교회는 작은 힘으로 큰 영향을 미치는 '지렛대' 같은 공동체이다.** 사람들이 함께 모여 작은 일을 하지만 큰 영향력을 만들어낸다.

나는 항상 기아 문제를 돕고 싶었다. 하지만 20년 동안 거의 아무것도 하지 않았다. 그 이유는 조직의 힘을 믿지 못했고, 내가 가진 50달러로 무슨 도움이 될까 싶었기 때문이다. 또 문제가 완전히 해결되지 않을 거라는 의구심도 있었다. 앞에서 언급했듯이, '콘보이 오브 호프(Convoy of Hope)'라는 구호단체 사람들을 우연히 만나게 되었는데, 그때 나는 다른 일정을 미루고 아이티 현장을 다녀왔다. 단 이틀 만에 나도 그곳에 작게나마 도움을 줄 수 있다는 걸 깨달았다. 그 구호단체에 일 년에 한 번씩 기부금을 보내기로 마음먹었다. 그리고 우리 공동체에도 나와 함께 해 주기를 요청했다. 내가 준비한 기부금이 300달러였는데 다른 사람들이 동참해 13,000달러가 되었다. 그런데 이 기부금이 다시 130,000달러가 되었다. 구호단체에서 개인이나 단체의 부응 기금(matching fund)을 받아 금액이 10배로 늘어난 것이다. 내가 알고 있는 비그리스도인 사업가에게도 함께 하자고 했다. 나는 그를 데리고 구호단체로 가서 사람들에게 소개해 주었고, 그는 이 NGO 단체의 후원자가 되었다. 지금은 이 친구가 나서서 구호단체의 후원자로 동참할 60명의 부동산 중개인들을 모집하고 있다. 작지만 주변의 관계, 적은 돈, 짧은 시간도 나중에는 큰 영향력을 발휘할 수 있다. 세상을 변화시키는 능력은 우리 자체에서 나오지 않는다. 우리가 싸우는 그 싸움에 다른 사람들을 동참시킬 때 세상을 변화시킬 능력이 생긴다. 이 글을 읽는 10명, 20

명, 200명 또는 2,000명이 나와 함께 하루만 난민들을 돕는다면, 재난으로 신음하는 아이티와 일본, 기타 지역에 보낼 돈과 식량이 얼마나 많이 모일지 기대가 된다.

'콘보이 오브 호프'라는 구호단체를 확인하고 싶다면, 인터넷 사이트 ConvoyofHope.org를 방문하면 된다.

성육신의 삶을 살고자 한다면 누구와 함께 싸울 것인지, 또 무엇을 위해 싸울 것인지 심사숙고해야 한다. 당신을 분노하게 하거나 슬프게 만드는 것이 무엇인지 찾아보라. 당신이 어느 지점에서 피가 끓어오르고 눈물이 나오는지 확인해 보고 실행 계획을 세워야 한다. 특히 남성들은 성매매 확산을 막기 위해 순결한 삶을 살면서 매일 포르노에 지배당하지 않도록 싸워야 한다. 남성들이 이런 사이트를 멀리하지 않기 때문에 수많은 젊은 여성들의 삶이 망가지는 것이다. 사이트의 광고 소득은 올라가겠지만 그만큼 많은 여성이 파멸에 이른다. '콘보이 오브 호프'나 다른 검증된 구호단체에서 활동하는 내용을 알아보는 것도 좋다. 가능하다면 그들과 함께 현장에 가서 어떤 활동을 하는지 확인해도 된다. 물론 현장에 가려면 비용이 많이 들어 부담스러울 수도 있다. 하지만 실제 상황 속에 처한 실제 사람들을 직접 눈으로 본다면 그곳에 좀 더 오래 머물거나 더 많은 것을 베풀고 싶을 것이다. 그러니 함께 현장에 방문할 계획을 세워 보라! 브랜든 해트메이커의 책 「맨발의 교회」를 읽은 후, 친구들과 그룹을 만들어 '맨발의 교회 입문 과정(Barefoot Church Primer)'에 참가해도 좋다. 당신이 속한 공동체에 필요한 것이 무엇인지 확인하는 계기가 될 것이다.

인터넷 사이트 www.missio.us에 이와 관련한 자료들이 있으니 참고하라.

핵심은 당신이 정말 관심이 있는 것을 찾아서 지속적으로 동료들과 함께 싸워나가는 것이다. 그러면 당신의 심장은 살아서 요동칠 것이며, 사람들은 당신을 더욱 신뢰하게 될 것이다. 그리고 이로 말미암아 하나님께서 영광을 받으실 것이다.

"너희가 이방인 중에서 행실을 선하게 가져 너희를 악행한다고 비방하는 자들로 하여금 너희 선한 일을 보고 오시는 날에 하나님께 영광을 돌리게 하려 함이라"(벧전 2:12).

생각

어떤 법이나 제도가 폐지되는 데 지원할 수 있는가? 누구를 지지

할 수 있는가? 당신이 둘러엎길 바라는 상은 어떤 것인가?

_____

_____

 느낌

무엇이 당신을 화나게 하는가? 무엇이 당신을 슬프게 만드는가?

_____

_____

 실행

올해 당신은 어떤 상을 둘러엎을 것인가? 기도하는 마음으로 당

신의 동기를 찾아보라. 비록 작은 헌신이라도 이후에 큰 영향을

미칠 수 있다. 이번 주에 바로 실천할 수 있는 일은 무엇인가? 그

것을 바로 행하라.

_____

_____

9

환대의 공간,
퍼블릭 하우스

●

우리 가정에

예수가

거하게 하라

나를 아는 사람들은 내 버킷 리스트(bucket list,
죽기 전에 꼭 해야 할 일 목록) 중 하나가 '펍'을 갖는 것이라는 사실
을 잘 안다. 나는 여행을 가서 펍에 들르면 항상 맥주통 손잡이
(bar-tap handles)와 멋진 장식품을 구해 온다. 뿐만 아니라 그 펍의
설립 역사나 운영자에 대한 자료까지 확보한다. 나는 과거 미
국 서부의 살룬(saloon)이나 아일랜드식 펍을 가장 좋아한다. 이
다음에 펍을 만들면 이름을 'McHugh's Wildhorse Saloon'이나
'O'Halterman's Spit & Griddle Public House'로 지을 생각이다.
　펍은 원래 '퍼블릭 하우스(public house)'의 줄임말이다. 펍이 칵
테일 바나 레스토랑과 다른 점은 우리 주변 곳곳에서 쉽게 만날
수 있다는 것이다. 따라서 그 지역 가족들이나 친구들이 펍에 함

께 모이면서 동네 특유의 펍 문화가 형성된다. 당신이 여행 중에 펍에 들어갈 일이 생긴다면, 그 지역 공동체의 힘이나 사람들의 우정, 마을의 전통과 문화를 강하게 느낄 수 있을 것이다. 펍은 지역 공동체가 가정에 들어올 수 있도록 설계되어 있다. 아니, 가정이 지역 공동체로 들어갈 수 있도록 설계되어 있다는 말이 더 맞는 것 같다.

예수의 거하심

요한복음 1장 14절에 나오는 예수의 거하심에 대해 살펴볼 시간이다. "말씀이 육신이 되어 우리 가운데 거하시매 우리가 그의 영광을 보니 아버지의 독생자의 영광이요 은혜와 진리가 충만하더라."

나는 성육신에 관한 책을 한 트럭 가까이 읽어 봤지만, 예수가 하늘의 왕궁에서 살다가, 가장 돈이 적게 드는 길로 내려와, 우리 옆집에 판잣집을 사서, 앞마당에는 흔들의자, 뒤뜰에는 바비큐 그릴을 설치하고, 우리의 이웃이 되었다는 이야기는 한 번도 들어본 적이 없다. 이건 빅뉴스다! 예수처럼 집에 거하는 방법을 모르면 우리는 성육신의 삶을 더 깊이 살아낼 수 없다.

기독교는 본래 동양적인 종교다. 동양의 문화적 관점에서 보는 사회 공간은 서양인들이 생각하는 것과 많이 다르다. 동양 문화에서는 타인이 접근하는 것에 대해 개방적이다. 가족이나 친지도 많고, 사람들이 공간을 쉽게 공유하는 편이다. 그래서 서양보다 손님을 환대하는 문화가 훨씬 발달해 있다. 서양인들도 손님에게 크래커와 치즈를 내놓는 것을 꺼리는 건 아니지만, 사람들이 자기 공간에 들어오거나 너무 오래 머무는 것에 대해 좀 더 불편함을 느끼는 경향이 있다. 따라서 서양인에게 집은 선교의 도구라기보다는 은신처나 사적인 공간에 훨씬 가깝다.

그래서 서양식 문화에 동양적인 요소를 좀 더 도입할 수 있을지 살펴보면 좋을 것 같다. 당신의 집을 펍으로 만드는 데 권장할 만한 성경 구절들을 모아 보았다.

> "이 섬에서 가장 높은 사람 보블리오라 하는 이가 그 근처에 토지가 있는지라 그가 우리를 영접하여 사흘이나 친절히 머물게 하더니"(행 28:7).
> "나와 온 교회를 돌보아 주는 가이오도 너희에게 문안하고 이 성의 재무관 에라스도와 형제 구아도도 너희에게 문안하느니라"(롬 16:23).
> "성도들의 쓸 것을 공급하며 손 대접하기를 힘쓰라"(롬 12:13).
> "손님 대접하기를 잊지 말라. 이로써 부지중에 천사들을 대접한 이들이 있었느니라"(히 13:2).
> "그러므로 우리가 이같은 자들을 영접하는 것이 마땅하니 이는 우리로 진리를 위하여 함께 일하는 자가 되게 하려 함이라"(요삼 1:8).

손님 환대는 가볍게 여길 만한 주제가 아니다. 예수의 삶을 보면 우리는 중요한 비결 하나를 배울 수 있다. 바로 사적 공간이 영적 공간을 만든다는 사실이다. 사람들은 자신이 수용되었다는 것을 느꼈을 때 하나님께 훨씬 더 쉽게 다가갈 수 있다. 상당수의 예수 이야기가 집 안에서 벌어진 것도 이런 이유 때문이다. 예수께서 사람들이 싫어하는 세리 마태의 집에 방문했을 때, 마태를 포함한 모든 사람이 질겁했다. 누군가의 집에 들어가 밥을 같이 먹는다는 것은 '그가 내 친구다. 내가 그를 받아들인다'는 뜻이기 때문이다. 당신이 사는 지역의 문화가 어떠하든, 당신의 개인적 성향이 내향적이든 외향적이든, 우리는 하나님께 따뜻한 가정을 만들 수 있는 능력을 부여받았다. 시작은 힘들지 모르지만, 일주일에 한두 명씩 집으로 초대하다 보면 어느새 당신이 넉넉한 사람이 되어 있다는 걸 깨닫게 될 것이다. 하나님이 거실에서 얼마나 많은 일을 하시는지 눈으로 똑똑히 볼 것이다.

집이 교회가 될 때

신약 시대에도 대개 종교적 의례를 행하기 위해서는 집을 떠나 회당으로 향했다. 유대인들은 우리처럼 각자의 생활과 종교적인 것이 구분되어 있었다. 하지만 예수는 성전(교회 건물)이나 성전 지도자들(사제나 목사들)이 앞으로 별로 중요하지 않을 거라고 가르치셨다. 교회는 장소가 아니라 사람이기 때문이다.

예수께서 세상을 떠난 뒤 많은 유대인이 그리스도인이 되었다. 이들은 예수를 믿는 신앙과 유대 성전의 전통 사이에서 혼란을 겪었다. 처음에는 어느 정도 모든 걸 조금씩 행했다. 사도행전 2장 46절을 보면, "날마다 마음을 같이하여 성전에 모이기를 힘쓰고 집에서 떡을 떼며 기쁨과 순전한 마음으로 음식을 먹고"라고 되어 있다. 새로운 예수 운동이 활발하게 진행되었는데, 이 운동의 장소가 점차 성전에서 집으로 이동하고 있음을 알 수 있다. 마침내 이방인(비유대인)들도 신앙을 갖기 시작했는데, 이들에게는 성전이나 회당에 가는 전통이 없었기에 신앙 공동체의 운동이 거의 집에서 이루어졌다.

오늘날도 그렇지만 당시 사람들은 환대라는 새로운 왕국의 가치를 배울 필요가 있었다(로마서 12장). 바울도 환대를 행했던 유대인 중 하나였다. 한때 유대계 그리스도인들을 박해했던 바울은 기적적으로 회심을 경험했다. 하나님은 바울을 이방인들의 선교사로 보낸다. 로마 황제인 글라우디오(Claudius)는 예수 사후 15년 즈음에 예루살렘에서 유대인들을 쫓아냈다. 이때 추방당한 브리스길라와 아굴라라는 유대인의 집에 회심한 바울이 초대받았다. 바울은 18개월 동안 그들과 함께 지내면서 장막을 만들어 파는 일을 배우고 새로운 신앙 공동체에 몸담기 시작했다. 수개월 전에는 빌립보에 사는 루디아(Lydia)라는 여인이 회심한 후 바울 일행을 집에 머물게 했다.

믿음을 살다

환대는 단지 여성들만의 기술이 아니다. **하나님은 바울에게 새 친구들에게 접근하는 전략으로 환대를 가르쳐 주셨다.** 즉 바울은 자신을 집으로 초대한 후 신실한 여성들이 보여 준 안전함, 따뜻함, 수용성, 대화를 전도 전략의 모델로 삼았다. 데살로니가전서에서 바울이 데살로니가의 가정 교회에 대해 언급하면서 "유모가 자기 자녀를 기름과 같이 하였으니"라고 말했던 것도 그런 이유에서다. 그러므로 집은 사람들이 예수를 영접하고, 더 좋은 그리스도인으로 성장하도록 가르치는 데 더없이 좋은 장소다.

이것이 예수께서 우리 가운데 거하시는 이유다. 예수는 진정한 환대가 단지 우리 신앙인만을 위한 것이 아님을 보여 주셔야 했다. 환대는 실제로 '낯선 자에 대한 사랑(love of strangers)'을 의미한다.

당신의 집이 그분의 펍이 될 때

생애 처음으로 데이트하게 되어 들뜬 중학생 남자아이처럼, 나는 아내에게 전화를 걸었다.

"여보, 지금 내가 집으로 선물을 가져가고 있어."

"그거 도로 갖다 놔요. 당신을 믿을 수가 없어요!" 아내가 딱딱거렸다.

"여보 날 믿어 봐... 진짜 예술이야!" 내가 애걸했다.

"걱정스럽네요, 정말!" 아내가 한숨을 내쉬었다.

나는 마치 차가운 눈보라를 뚫고 사냥감을 들고 집으로 돌아오는 북유럽 사람 같았다. 나는 조심스럽게 딸아이의 SUV를 끌고 덴버 시내를 통과해 우리 집 현관 앞에 도착했다. 차에는 폐업한 펍에서 가져온 약 4m 길이의 켈트 십자가가 실려 있었다. 십자가 한쪽을 자동차 지붕에 가까스로 고정했다. 나는 이 십자가를 단돈 100달러에 가져왔는데, 마치 왕좌에서 왕관을 훔쳐 오는 기분이었다.

난 성탄절 아침을 맞이한 어린아이 같았다.

천천히 우리 집 차도로 들어와 부드럽게 차를 세웠다. 아내가 창밖으로 보고 있는지 확인하려고 흘끗 쳐다보았다. 아내가 있었지만 그다지 기분이 좋아 보이진 않았다. 나는 아무것도 모르는 척하면서 조심스럽게 140kg이나 하는 십자가를 차에서 끌어내 바닥에 세웠다. 아내는 이 사진 한 장을 찍어 주고는 쌩하고 다시 집으로 들어갔다.

나는 간신히 집으로 십자가를 끌고 들어왔다. 거실 중앙에 똑바로 세워 놓고 조명으로 꾸몄다. 몇 달이 지나자 아내도 십자가에 익숙해졌다. 그뿐만 아니라 거실 전체를 아일랜드식 펍으로 바꾸는 걸 허락해 주었다. 정말 멋진 여자다!

'휴스 펍(Hugh's Pub)'은 우리 공동체에서 하나의 전설이 되고 있다. 사내들은 아무 때나 편하게 들어와 야구 경기를 시청한다. 나는 백 년 된 아일랜드식 바(bar) 뒤에 서서 결혼식 주례를 보기

도 한다. 퍼블릭 하우스는 우리가 얻을 수 있는 소중한 성육신의 자산이다.

그렇다고 나처럼 4m짜리 십자가를 집 한가운데에 세우라는 말은 아니다. 예수를 당신의 집 중심에 모시라는 말을 하고 싶다. 예수께서 집으로 들어오시면, 장담컨대 그분이 당신의 집을 좀 더 공공적인 장소로 만들어 주실 것이다.

손님을 환대하는 방법과 집을 펍으로 오픈하는 방법에 관해 몇 가지 조언을 정리해 보았다.

문을 열고 입술을 오므려라!

어느 여름날 우리는 파티를 열고 있었다. 나는 바비큐 그릴에 마지막으로 남은 고기를 자르고 있었는데, 그때 초인종 소리가 울렸다. 손님 중 한 명에게 문을 열어 달라고 부탁했다. 조(Joe)는 현관문 쪽으로 가긴 했지만 어찌할 바를 몰라 하는 것 같았다. 처음에 어떻게 말을 꺼낼지 예행연습을 하는 듯 보였다. 문손잡이를 골똘히 쳐다보고 있는 조는 마치 인생 최대의 위기를 만난 사람 같았다. 보수도 많이 받고 나름 존경받는 엔지니어였지만, 그에게 '문을 열고 낯선 사람에게 인사하기'라는 임무는 풀기 어려운 숙제였다. 마침내 그가 문을 열었고 나도 한숨을 내쉬었지만, 그는 그냥 그 자리에 멀뚱히 서 있었다. 사실 문을 열기는 했는데 한 사람 겨우 들어갈 수 있을 정도로 살짝 열었다. 새 손님

믿음을 살다

이 들어왔는데 두 사람은 서로 멋쩍게 쳐다보기만 했다. '오, 어색해라!'

어색한 침묵을 깨려고 나는 뒤편에서 큰 소리로 말했다. "조, 카일(Kyle)하고 거룩하게 입맞춤(holy kiss) 한번 하지 그래? 그리고 맥주 어디에 있는지 좀 알려 줘." 내가 던진 농담에도 분위기는 전혀 나아지지 않았다. 갑자기 생각해 낸 최선의 농담이긴 했지만 말이다. 난 한 가지 교훈을 얻었다. 대체로 사람들은 낯선 사람을 만나서 인사하는 걸 어려워한다.

몇 년 전 중동을 여행한 적이 있다. 그곳 사람들은 서로 만나면 볼에 두세 번 정도 키스하고 어떤 사람은 입을 맞추기도 한다. 새로운 사람들을 만날 때마다 나는 최선을 다했지만, 머릿속에는 온갖 생각이 들었다. '얼굴을 오른쪽부터 대야 하나, 왼쪽부터 대야 하나? 방향이 잘못되면 재빨리 잘 바꿔야 할 텐데! 실제로 입술과 얼굴이 닿아야 하나, 시늉만 하면 되는 건가? 입으로 쪽 소리를 내야 하나, 아니면 그냥 조용히 해야 하나? 그리고 손은 어떻게 하고 있어야 하나?' 간단한 인사 한번 하려다 공황 상태에 빠질 지경이었다!

어쩌면 우리는 입맞춤하는 방법을 배워야 할 때인지도 모르겠다. 고린도후서 13장 12절과 로마서 16장 16절은 모두 인사하기를 권고한다.

"너희가 거룩하게 입맞춤으로 서로 문안하라."

나는 거룩한 입맞춤을 단지 문화적인 것으로 생각해 굳이 관심을 기울일 필요 없다고 생각했다. 하지만 좀 더 공부해 보니 이 인사법의 참된 의미를 알 수 있었다. 원래 입맞춤 인사법은 건장하고 남자다운 로마 병사들이 하던 관습이었다. 그런데 교회가 점차 커지고 복음이 '낯선 사람들'을 공동체로 인도하면서 입맞춤이 존중과 수용의 의미를 담게 되었다. 다른 사람들에게 입맞춤하는 것은 서로 동등한 인격임을 인정하고 이제 한 공동체가 되었음을 보여 주는 것이다.

난 당신이 어떤 말을 할지 알고 있다. "휴 목사님, 무슨 말인지는 알겠는데, 우리 집에 오는 사람에게 모두 입을 내밀어 입맞춤할 순 없어요!" 나도 사람들에게 입맞춤하라고 말하는 건 아니다. 다만, 사람들을 만날 때 진심으로 인사하면 좋겠다는 뜻이다. 사람들이 당신의 집에 들어올 때 가장 먼저 통과하는 곳이 문턱이다. 문턱은 '시작하는 장소 또는 지점'을 의미한다.

집은 누군가에게는 가장 친숙한 공간이지만, 어떤 사람에게는 소속감이 전혀 느껴지지 않는다. 대부분 사람이 그렇기에 처음 만나서 몇 초 만에 소속감을 느끼게 하는 것이 중요하다. 입을 맞추지 않고도 그와 맞먹는 효과를 얻을 수 있는 것이 있다면 무엇일까? 나는 손님들이 밖에서 불편하게 기다리지 않도록 오기 전에 미리 문을 열어 놓고 기다린다. 또 집에 새로운 친구가 왔을 때는 항상 같이 다니면서 몇몇 친구들을 소개해 주고 서로 대화할 수 있도록 옆에서 이끌어 준다. 이는 옛 친구만큼이나 새 친구들이 중요하다는 것을 알리는 방법이다. 비록 로마식 거룩한 입맞춤은 아니지만 동등한 효과를 기대할 수 있다.

발 씻기기

요한복음 13장은 예수께서 제자들과 함께했던 마지막 시간을 보여 준다. 예수는 하나님께서 분부하신 일들을 충실히 이행했다. 맡겨진 임무를 수행할 때는 12명의 제자와 많은 시간을 함께했다. 예수는 눈앞에 닥친 육체적 죽음의 고통을 알고 있었기에 두려움이 가득했다. 한 사람으로서, 친구로서 이 젊은이들과 마지막 시간을 보내야 했기에 깊은 슬픔에 잠겼다. 그리고 제자들이 가장 중요한 진리를 잊어버리지는 않을까 노심초사했다. 사실 이후에 벌이는 제자들의 행태를 보면 예수께서 충분히 걱정할 만도 하다.

제자들이 식탁에서 만찬을 즐기고 있을 때, 예수는 조용히 일어나 밖으로 나가 대야물과 수건을 가지고 돌아오셨다. 예수께서 베드로의 발 앞에 허리를 굽혀 앉자 모두가 몸을 돌려 쳐다보았다. 어떤 이는 숨이 턱 막히고, 어떤 이는 충격에 몸을 떨었다. 베드로는 기겁했다. 그럼에도 예수는 그들의 발을 하나하나 씻기셨다.

역사를 대대로 거쳐 온 발

유대인의 환대 개념은 창세기 18장에서 처음 시작된다. 낯선 사람 세 명이 아브라함의 집에 나타나자 아브라함은 그들의 발을 모두 씻겼다. 이 세 사람은 성부, 성자, 성령의 삼위일체 하나님이었다. 창세기 12장 초반부에, 하나님은 아브라함을 불러 고향을 떠나 일러 준 땅으로 가면 그를 통해 온 세상에 복을 주실 것이라 약속하셨다. 아브라함은 사람들에게 복을 준다는 것이 무슨 의미인지 전혀 이해하지 못했을 것이다. 하지만 하나님의 말씀을 곧바로 따랐고 진정한 환대의 토대를 이루었다. 아브라함은 이방 땅에서 온 낯선 사람들에게 자기 집을 열어 놓음으로써 말 그대로 하나님께도 집을 열어 놓았다. 낯선 자를 받아들인다는 개념은 '하크나사트 오르킴(Hachnasat orchim)'이라고 한다. 이 말은 하나님을 환영하듯 손님을 환영한다는 뜻이다. 이 사건 이후, 집에 온 손님의 발을 씻는다는 것은 거친 광야를 돌아다닌 사람이 하루의 고단함을 내려놓고 쉴 수 있도록 돌본다는 은유적 표현이 되었다. 누군가의 발을 씻는다는 것은 이렇게 말하는 것과 같다. "힘든 하루를 보낸 당신을 제가 섬기겠습니다."

누가복음 2장 22~35절에서 아기 예수가 시므온에게 할례를 받을 때, 예수는 전 이스라엘 공동체 앞에서 높임을 받았고, 이 관례적인 말은 이런 선포나 마찬가지였다. "우리는 이 아이에게 낯선 자가 아닙니다. 우리는 앞으로 낯선 자가 되지 않을 것입니

믿음을 살다

다." 하나님께서 모든 사람을 받아들이겠다는 예언적이고도 강력한 선언이었다.

요한복음 12장 1절~3절에서 나사로(Lazarus)의 여동생 마리아는 예수의 발을 씻었다. 마리아는 예수의 발에 향유를 붓고 몸을 굽혀 자기 머리털로 발을 닦았다. 이는 더 심화된 은유적 표현이었다. 누가복음 7장 36절~48절에서 예수께서 시몬의 집에 있을 때, 창녀로 추정되는 한 무명의 여인이 찾아왔다. 그녀 역시 예수의 발에 향유를 붓고 눈물을 흘려 발을 적시고 머리털로 닦았다. 예수의 발을 가장 먼저 씻긴 사람은 자손을 통해 온 세상이 복을 받을 거라고 약속받은 아브라함이었다. 예수가 아기였을 때 발을 씻긴 사람은 메시아를 기다리던 시므온이었다. 이제는 가까운 친구와 창녀가 예수의 발을 씻기고 있다.

그리하여 제자들에게 성육신을 훈련하는 이 마지막 시간에, 예수는 몸을 웅크리고 제자들의 발을 씻기셨다. 베드로는 민망함을 감추지 못하고 사양했다. 자신보다 높은 사람에게 섬김을 받는다는 건 불편한 일이다. 하지만 그것이 바로 환대의 핵심이다. 베드로처럼 사람들은 자신이 지나친 호위를 받을 만하다고 생각하지 않는다. 이것이 당신의 집이 가지는 힘이다. 당신이 방황하던 영혼의 발을 몸을 굽혀 씻길 때마다 그들을 향한 하나님의 사랑이 그 가운데 드러난다.

"너희가 나를 선생이라 또는 주라 하니 너희 말이 옳도다. 내가 그러하다. 내가 주와 또는 선생이 되어 너희 발을 씻었으니 너희도 서로 발을 씻어 주는 것이 옳으니라"(요 13:13~14).

오늘날에는 어떤 모습이 발을 씻기는 것과 같다고 할 수 있을까? 그 모습은 바로 사람들에게 부담이나 압박감을 덜어 주는 것이다. 가령, 아이들에게 재미있는 장난감을 안겨 주거나 돌볼 사람을 붙여 줄 수 있다. 손님에게 따뜻한 옷을 입게 하거나 먹을 것과 마실 것을 건네줄 수도 있다. 사람들의 부담을 덜고 위신을 지켜 준다는 것은 그들을 새 친구들에게 소개해 주고 그들의 대화가 자연스러워질 때까지 함께하는 것을 의미한다. 피상적인 대화는 지나가고 이런 수준의 대화 내용까지 나와야 한다.

"진심으로 하는 말인데요, 지난달에는 어떻게 살았어요? 제가 도와줄 일은 없나요?"

발을 씻긴다는 건 단지 사람들을 당신의 집에 초대하는 것으로 끝나는 게 아니다. 사람들이 당신의 집을 자신의 집처럼 편하게 느낄 때까지 할 수 있는 모든 일을 하는 것이다. 적어도 그들이 당신과 함께 있을 때만큼은 편하도록 말이다.

해피 아워

몇 년 전, 내 딸이 어느 청년과 사귀었다. 그 청년은 홀로된 어머니와 어머니의 남자친구인 촌사람 클랜시(Clancey)와 함께 살

204

고 있었다. 마침내 양쪽 가족이 다 같이 모일 시간이 다가왔다. 누구도 그 시간을 학수고대하는 것 같진 않았다. 내 딸은 한 마리 퓨마처럼 어슬렁거렸고, 아내는 다소 안절부절못하는 것 같았다. 나는 그냥 내키지 않는 기분이었다. 클랜시는 현재 실직 상태라 집에서 빈둥거리고 있었고 심보도 고약했다. 그 청년과 어머니, 클랜시는 펜더(fender, 자동차 앞바퀴를 덮고 있는 바깥 부분 – 역자 주)가 나머지 차체 색깔과 다른 1982년형 쉐보레 트럭을 끌고 왔다. 창문을 통해 안쪽을 보니 그 가족도 우리만큼 편한 기색은 아니었다.

그들이 차에서 내리자 나는 나름대로 반갑게 인사를 나눴다. 아니, 나는 클랜시의 땀에 젖은 손을 잡지 않았다. 대신 검게 그을리고 담배 냄새에 절은 재킷을 받아들고 내 사무실에 던져 놨다. 그리고 나서 나는 분위기를 띄워 보려고 시답지 않은 농담을 몇 마디 던졌다. 하지만 얼마 지나지 않아 어색한 침묵이 흘렀다. '어서, 홀터, 할 말을 생각해 봐, 제발, 생각해 내!' 그러나 할 말이 생각나지 않았다. 그때 딸 알리가 분위기를 감지하고는 불쑥 말을 꺼냈다.

"아빠, 클랜시 아저씨에게 아빠의 펍을 보여 주면 어때요?"

일사불란한 나스카(NASCAR) 자동차 경주팀처럼, 나는 딸의 훌륭한 제안을 얼른 받아 이렇게 말했다.

"클랜시, 벌써 5시가 다 됐네요. 우리 펍이 지금 해피 아워(happy hour, 술집에서 이른 저녁 시간에 술을 할인해서 파는 시간대 – 역자 주)를 하는데 함께 가보죠."

　클랜시는 집 앞 현관에서 마지막으로 빨아들인 담배 연기 한 모금을 내쉬고는 함께 펍으로 들어갔다. 나는 갖가지 펍 음식들을 내놓았다. 고급 크래커, 치즈, 견과류, 다크초콜릿 등등. 그리고 프랑크푸르트 소시지도 가지고 나왔고, 우리는 즐거운 시간을 보냈다. 클랜시가 가끔 어이없는 질문을 던지기도 했지만 나름 재미있었다. 그가 벽에 걸린 엘크의 머리를 보더니 이렇게 물었다.

　"저거 당신이 잡았어요?" 나도 농담 삼아 이렇게 대답했다.

　"아뇨 … 어느 날 저게 우리 집 뒤뜰로 달려오더니 갑자기 집 안으로 돌진해 들어오지 뭐예요. 그래서 산 채로 잡아버렸죠!"

　나는 우리가 친구가 되었다고 말하는 게 아니다. 하지만 진짜 친구가 되기 전에 얼마간의 '해피 아워'라는 시간이 필요하다는 걸 배웠다.

식탁, 진정한 성찬식의 상징

　사람들이 당신의 집에 들어왔고 그들도 어느 정도 편안함을 느끼고 있다. 이제 집에서 가장 중요한 곳으로 자리를 옮길 때가 되었다. 바로 '식탁'이다. 예수에게 밥을 같이 먹는다는 것은 그 사람을 받아들인다는 가장 결정적인 표현이었다. 식탁에서 가장 의미 있는 대화가 오간다. 또 식탁은 진정한 성찬식의 상징이다. '성찬(Eucharist)'을 '주의 만찬(Lord's Supper)'이라고 부르는 이유가 그것 때문이다.

예수께서 제자들의 발을 씻기셨던 날 밤이었다. 예수는 식탁에서 빵과 포도주를 제자들에게 나눠 주시면서 앞으로 먹고 마실 때마다 자신을 기억하라고 말씀하셨다. 먹을 것 앞에 두고 염불 외듯 식사기도를 하라고 말씀하시지 않았다. 예수 자신과 함께했던 그날 밤 전체를 기억하라고 하셨다. '내가 식탁에서 너희를 위해 무엇을 했는지 기억하느냐? 너희 중에 나를 배신하고 나를 팔아먹은 사람이 있었지만 내가 너희를 받아들인 것을 기억하느냐? 내가 너희 앞에 웅크리고 앉아 발을 씻겼던 것을 기억하느냐? 이제 빵을 떼어 먹고 포도주를 마실 때마다 나를 기억하라. 식탁에서 이루어지는 모든 일이 나를 기억나게 할 것이다.' 그날 밤 예수는 그동안 제자들에게 가르쳤던 수많은 천국의 비유들을 식탁을 통해 몸소 보여 주셨다.

식탁은 천국을 보여 주는 자리였다.

식탁은 우정을 나누고 진솔한 대화가 오가는 자리였다. 마지막까지 그들이 살아갈 소망이자 힘이었다. 식탁은 사람들이 하나님을 만나는 곳이었다. 분명한 것은, 예수께서 이것을 제도적 교회 안에서 하나의 성례 의식으로 만들라고 말씀하시지 않았다. 의식보다 더 중요한 의미가 있다. 예수는 이 식탁이 누군가의 신앙을 평가하고 통제하는 수단이 되길 절대 원치 않았다. 단지 친구들과 함께 빵과 포도주를 나눠 먹는 자리가 되길 바랄 뿐이었다.

그래서 당신이 집을 개방할 때 하나님의 마음에, 그리고 예수의 삶에 더 가까이 다가가는 공간과 경험을 만들어낸다는 것을 기억해야 한다.

당신이 우리 집 식탁에 초대된다면, 아마도 우리 아내가 당신의 이름이 들어간 음식을 식탁에 내놓을 것이다. 식탁에서 무슨 이야기를 해야 할지 걱정하지 않아도 된다. 우리가 적절하게 당신에 대해 궁금한 것들을 물어볼 테니까 말이다. 우리는 당신이 편안함을 느끼길 바라기 때문에 다른 친구 한두 명을 더 초대해 달라고 부탁할 것이다. 우리는 종교적인 것들은 배제하고 당신의 삶을 위해 기도한다는 의미로 토스트를 나눠 먹을 것이다. 우리 집 식탁은 느린 편이다. 음식을 허겁지겁 먹지 않는다. 그날 밤을 통째로 당신을 위해 예약해 두었다는 걸 알았으면 좋겠다. 포도주도 리필이 되고 때가 되면 디저트도 계속 나온다. 당신은 어느새 우리가 친구가 되고 있음을 알게 될 것이다.

'너희가 먹을 때마다 나를 기억하라'고 하신 말씀은 사실 이미 편한 사람과 함께하는 식탁에는 적용되지 않는다. 그 식탁은 누구에게나 개방된 식탁이다. 사람들은 예수를 '죄인들의 친구'라고 불렀다. 예수께서 죄인들을 식탁으로 부르셨기 때문이다.

믿음을 살다

더 이상 청소할 필요 없는 집

요한복음 14장에서 예수는 제자들을 떠나 하나님께 돌아가기 전에 그들을 안심시키려고 이렇게 말씀하셨다.

> "너희는 마음에 근심하지 말라. 하나님을 믿으니 또 나를 믿으라. 내 아버지 집에 거할 곳이 많도다. 그렇지 않으면 너희에게 일렀으리라. 내가 너희를 위하여 거처를 예비하러 가노니 가서 너희를 위하여 거처를 예비하면 내가 다시 와서 너희를 내게로 영접하여 나 있는 곳에 너희도 있게 하리라"(1~3절).

중동의 도시들은 기본적으로 건물들이 다닥다닥 붙어 있어 하나의 거대한 미로를 형성한다. 그곳의 가정집은 우리가 사는 집과는 많이 다르다. 기존의 집 바로 옆에 방을 또 하나 만들어서 가족이나 가까운 사람이 들어가 산다. 그런 식으로 집에 방이 하나씩 늘어난다. 당신은 이 정도 수준으로 이웃이나 친구와 가까워지는 걸 환영하지 않을지도 모르겠다. 하지만 예수의 친구들에게는 자신들의 문화였고, 실제로 예수가 그들 옆에 방을 만들고 살 거라는 걸 알았다. 그들은 늘 그분 바로 옆에서 지냈다.

언젠가는 우리의 집을 굳이 개방하지 않아도 될 날이 올 것이다. 하나님이 우리에게 마지막 집을 주시고 우리는 말 그대로 그 집에서 하나님과 함께 살게 될 것이다. 항상 하나님 옆에 거하는 것이다. 더 이상 집을 청소할 필요도, 집을 개방할 필요도, 친구에게 다가가려고 노력할 필요도 없다. 우리는 모두 친구가 되고 영원히 즐겁게 지내게 될 것이다. 그러니 소망을 갖고 우리의 집을 개방하는 일에 힘을 내자.

생각

사람들이 당신의 집에 오는 게 부담스럽고 걱정되는가? 그 이유는 무엇인가? 문제의 근원은 무엇인가? 이 장에서 하나님은 당신에게 어떤 말씀을 한다고 생각하는가?

_____

_____

 느낌

지금껏 당신이 경험한 최고의 만찬은 어땠는가? 최대한 자세하게 묘사해 보라.

_____

_____

실행

친구들 몇 명과 '식사 모임'을 시작해 보자. 한 달에 한 번씩 차례로 돌아가면서 한 명이 식사를 준비한다. 그러면서 요리도 배우고 여러 가지 경험을 쌓아 보라. 함께 배워 가는 최고의 전도 훈련이 될 것이다.

_____

_____

PART

대화
Conversation

예수께서 사람들과 나누신 대화는 우리의 대화 수준과는 상당히 달랐다. 예수는 정직하고 올바른 말씀을 하셨지만, 사람들은 그분의 삶을 신뢰했기에 그 말씀을 마음으로 받아들였다. 예수는 한 사람의 인생 이야기, 속생각, 마음속 의심들을 잘 알고 계셨고, 그래서 그에 걸맞은 말씀을 하시거나, 아니면 적어도 상대방의 관심사를 가지고 좀 더 대화를 나눌 수 있었다.

예수는 이 땅에 오셔서 '은혜'와 '진리'를 충만하게 하셨다. 사람들은 그분의 삶과 말씀을 통해 자연스럽게 은혜와 진리를 보게 되었다.

으깬 완두콩 한 수저를 억지로 먹이기 위해 아기 입을 벌리려 애쓰는 엄마처럼, 오늘날의 많은 그리스도인이 문제에 당면한 사람들에게 진리를 가지고 해결책을 제시해 주려고 노력한다. 진리는 사람들에게 좋은 것으로 생각한 나머지, 관계, 상황, 시기 등을 전혀 고려하지 않고 무조건 밀어붙인다. 예수의 방식이라는 것은 아예 잊어버린다.

다른 사람에게 신학과 성경 구절들을 들이미는 사람들은 대부분 무의식적으로 이 구절을 근거로 삼는다.

"만일 내가 지체하면 너로 하여금 하나님의 집에서 어떻게 행하여야 할지를 알게 하려 함이니 이 집은 살아 계신 하나님의 교회요 진리의 기둥과 터니라"(딤전 3:15).

우리는 항상 말씀을 여기까지만 본다. 그래야 성경의 진리대로 살지 못하는 사람에게 잔소리하는 게 정당화된다. 그런데 바로 다음에 나오는 구절이 이와 같은 오해를 불식시킨다.

"크도다 경건의 비밀이여. 그렇지 않다 하는 이 없도다. 그는 육신으로 나타난 바 되시고 영으로 의롭다 하심을 받으시고 천사들에게 보이시고 만국에서 전파되시고 세상에서 믿은 바 되시고 영광 가운데서 올려지셨느니라"(딤전 3:16).

여기서 말하는 경건의 비밀은 예수께서 육신을 입고 이 땅에 오셨다는 사실이다! 사람들이 저마다 자신의 신학과 교리가 옳다고 주장하고 싸우는 모순적인 상황 속에서, 바울은 디모데에게 사람들의 '문화'를 가지고 옥신각신하거나 이래라저래라 하지 말라고 조언했다. 대신 교회가 예수가 하나님이시고, 그분이 사람이 되셨다는 경건의 비밀을 드러내는 공동체가 되어야 한다고 말했다. 하나님의 사람들은 자신의 말과 삶을 통해 온갖 목소리가 난무하는 상황에서도 흔들리지 않고 예수의 성육신을 증언하는 자들이 되어야 한다.

이번 장에서는 하나님께서 바라시는 바람직한 대화에 관해 이야기해 보자. 은혜와 진리가 어떻게 함께 작용하는지 확인하는 시간이 될 것이다.

믿음을 살다

10

은혜와 진리가
충돌할 때

●

예수는
어떻게
대화하셨나

우리가 실제로 대화를 나누기에 앞서 예수는 어떻게 대화를 하셨는지 살펴보도록 하자.

지난 2012년 가을, 두 게이가 결혼식 웨딩 케이크를 주문했는데 빵집 주인이 이를 거절했다는 뉴스가 보도되었다. 나는 이 에피소드가 성육신과 관련해 많은 질문을 던져 줄 거라는 생각이 들어 개인 블로그에 다음과 같이 글을 올렸다. '만약 예수께서 마을에 유일한 빵집 주인인데 두 게이가 와서 웨딩 케이크를 주문하면 과연 그분은 케이크를 만들까?'

24시간 안에 약 4천 개의 댓글이 달렸다. 나는 이 댓글들을 꼬박 일주일 동안 읽었고, 그리스도인들의 응답이 양분된다는 걸 알게 되었다. 그 빵집 주인을 옹호하는 사람들은 기존의 결혼

제도를 지켜내야 하고 죄가 되는 행동이나 실제로 죄를 짓는 사람들을 용납해서는 안 된다고 주장했다. 심지어 케이크를 만들어 주지 않으면 게이 중 일부는 잘못된 길에서 돌아설 거로 생각하는 사람들도 많았다. 케이크를 거부하는 것이 복음적인 방법이라고 본 것이다.

한편 다른 처지에 있는 사람 중 대다수가 케이크 자체가 문제가 아니라, 누군가의 라이프 스타일에 동의하지 않기에 비즈니스 서비스를 제공하지 않는 것은 율법주의로 빠질 수 있다고 주장했다. 다시 말해, 케이크도 만들어 줄 수 없다면 우리와 신념과 생각이 다른 사람들에게 아무것도 해 주지 말아야 하느냐는 의문을 제기한 것이다.

양측 모두 나름대로 논리적인 주장을 펼쳤고 자신의 관점을 지지하는 성경 구절까지 인용했다. 하지만 양쪽 어디에도 내가 생각한 예수의 주요 관심사에 대해 언급한 사람이 한 명도 없었다는 사실에 놀랐다. 나는 단순히 예수께서는 그들과 대화를 잘하려면 어떻게 해야 하는지를 알고 싶어 하셨을 것 같다.

우리는 무수히 많은 사회의 딜레마를 만나면서 과연 어떤 선택이 성육신적 삶에 바람직한지 고민하게 될 것이다. 그렇다면 예수는 어떻게 이러한 회색 지대를 다루시고 대화를 이끌어 가셨는지 살펴보도록 하자.

회색의 50가지 음영

그리스도인들은 기독교 신앙이 하나의 체계이고, 따라서 모든 문제에 대해 흑백이 뚜렷한 하나의 정답을 제공해 준다고 생각할 때가 많다. 당신은 어느 편에 설지 골라야 한다. 비난하든지 옹호하든지, 상대와 맞서 싸우든지 놓아 주든지, 친구가 되든지 경멸하든지. 어떤 사람은 진리는 상관하지 말고 무조건 '사랑'만 하면 된다고 생각하는 반면, 또 어떤 사람은 사람들이 사랑을 느끼건 말건 진리를 가지고 판단해야 한다고 주장한다. 하지만 예수는 어느 한 가지만을 선택하는 대신, 선택의 폭을 넓혀 회색의 50가지 음영[책 이름이 아니다. 「그레이의 50가지 그림자」(시공사)라는 소설책이 있다. — 역자 주]을 두고 여유를 가지셨다. 어느 한편만 고집하지 않음으로써 모든 딜레마와 논쟁, 진부한 주장, 종교적 기대를 초월하셨다. 예수는 비난도 옹호도 하지 않았지만, 사람들은 그분께서 자신을 기꺼이 받아 주신다는 것을 느꼈다.

여기에 바로 성육신의 묘미가 있다. 예수는 하나님이므로 가장 거룩하고 진실하고 완벽한 존재이시다. 그분에게는 어떤 흠도 없다. 사람들은 예수에게 다가가기 두려웠지만, 그분에게 나아갔다. 그들은 자신의 망가진 삶에 대해 예수께서 어떤 말씀을 하시는지 듣고 싶었다. 마침내 예수께서 말씀을 전하셨을 때, 그들은 듣고 변화되었다. 이는 예수께서 당신에게 사람을 비난할 필요가 없다는 사실을 간접적으로 보여 주신 것이다. 예수께서 이런 말씀을 하신 것도 그 때문이다.

"하나님이 그 아들을 세상에 보내신 것은 세상을 심판하려 하심이 아니요 그로 말미암아 세상이 구원을 받게 하려 하심이라"(요 3:17).

예수는 정확히 말씀하신대로 행하셨다. 예수 주위의 사람들은 비난받는 느낌이 들지 않았다. 예수에게는 진리와 은혜가 충분히 차고도 넘쳤다.

예수는 자주 죄인 중의 죄인들과 식사하셨다. 많은 이들이 예수 옆으로 다가가 속삭였다.

"예수여, 그들과 식사하시면 저들은 자기가 용납되었다고 오해합니다. 당신께서 원인을 제공한 거고요. 저런 사람들에게는 사랑을 느끼지 못하게 해서 자기가 하는 짓을 그만두게 해야 하는 거 아닙니까?"

그러자 예수께서 이렇게 대답하셨다.

"건강한 자에게는 의사가 쓸 데 없고 병든 자에게라야 쓸 데 있느니라. 나는 의인을 부르러 온 것이 아니요 죄인을 부르러 왔노라"(막 2:17).

예수는 '비난할 것인가 옹호할 것인가'라는 갈림길을 피해서 아예 멀리 돌아서 가셨다. 병든 자를 돕기 위해서는 그와 함께 있어야 한다. 그와 이야기를 나누려면 함께 밥을 먹어야 한다.

예수는 죄인들과 함께한 자리에서 이렇게 말씀하신다.

"보라, 내가 바로 너희가 거역하고 있는 그 예수다. 내가 누구

믿음을 살다

보다도 너희 때문에 기분 나빠야 할 사람이다. 너희 죄 때문에 내가 십자가까지 올라가야 했다. 죗값으로 내 생명을 치렀다! 그런데 나는 너희를 비난하거나 판단하지 않는다. 그러니 우리 한번 얘기나 해 보자."

죄가 없던 예수께서 죄인들과 이야기를 나누기 원한다면, 죄인인 우리는 더 기꺼운 마음으로 아무런 비난 없이 그들과 대화를 해야 하지 않을까.

하나님은 대인군자다

내가 말싸움하게 되는 경우는 주로 다른 누군가를 방어하거나 내가 중요하다고 생각하는 원칙을 지킬 때다. 하나님은 우리가 힘없는 사람 편에 서고, 고아를 보호하고, 부정에 대해 맞서 싸우는 걸 좋아하신다. 하지만 이상하게도 하나님은 우리에게 그분 자신을 변호하라고 말씀하시지 않는다. 우리에게 지키라고 한 그 사람들과는 달리, 하나님은 힘이 없거나 자신을 방어하지 못하시는 분이 아니다. 하나님은 대인군자다. 사람들의 관점을 바꾸는 데 별로 관심이 없다. 하나님에게는 그보다 더 큰 목표가 있다. 바로 사람들의 마음을 변화시키는 것이다. 그 외의 것들은 모두 나중에 딸려 오게 되어 있다.

케이크를 만들어 주는 것은 결국 결혼의 신성함을 더럽히는 것이라고 말하는 사람들에게, 나는 우리가 늘 결혼을 더럽힌다고 말해 주고 싶다. 이성애자인 그리스도인들이 결혼하는 경우 열 쌍 중 다섯 쌍이 이혼한다고 한다. 이혼하지 않는 커플의 경우는 남편이 포르노를 통해 몰래 바람을 피우면서 매일같이 신성한 결혼을 더럽힌다. 그것은 하나님이 의도하신 모습이 아니다. 파괴되고 있는 건 결혼이란 제도가 아니다. 그 사람들이 상처투성이가 되고 있다.

한 남자와 한 여자가 이루는 진정한 의미의 성경적인 결혼은 근본이 흔들리지 않는다. 하나님께서 그렇게 디자인하셨기 때문이다. '제도'에 문제가 생길 수도 있지만, 결혼의 핵심은 변하지 않을 것이다. 만일 누군가 낙태하거나 이웃을 살해하거나 인간 배아 복제 연구 법안을 통과시킨다면, 인간의 삶에 치명적인 해를 입힐 것이다. 그러나 삶이 지니는 신성함은 여전히 유지된다. 하나님께서 그렇게 만드셨기 때문이다. 어떤 성적 지향 (Sexual Orientation, 이성, 동성, 양성 등에 느끼는 감정적·성적 이끌림을 말한다. - 역자 주)을 가진 사람이든 모두 하나님이 설계하신 결혼의 목적과 의도를 놓치고 있다. 사실 그들은 하나님이 계획하신 모든 걸 놓치고 있다. 하나님의 뜻을 외면하는 것, 이것이 바로 '죄'다. 하지만 어떤 까닭인지 하나님은 모두 지나간 일로 여기시고 죄인들의 자리에 얼굴을 내미신다.

하나님은 대화하길 바라신다. 그분은 다시 돌아오셨다.

하나님은 지금도 대화하고 싶어 하신다고 나는 믿는다.

예수는 마음이 변하지 않으면 생각이 절대 변할 수 없다는

믿음을 살다

것, 그리고 신뢰를 바탕으로 하는 대화 없이 마음은 절대 변하지 않는다는 것을 보여 주신다.

죄에는 차등이 없다

그 빵집 주인에 관한 기사를 더 찾아 읽어 본 후, 나는 그 주인의 동기에 신뢰가 생겼다. 고의로 사람을 판단하거나 온정이 없는 사람처럼 보이진 않았다. 오히려 매우 배려 깊은 사람이라는 생각이 들었다. 케이크를 만들어 주는 것이 게이 커플에게 죄를 짓도록 하는 거라고 느꼈던 것 같다.

나도 그 주인과 비슷한 감정을 느낄 때가 있다. 펍에 있는데 한 친구 녀석이 술을 조금 많이 마실 때라든가, 친구 몇 놈을 꼬드겨 낚시를 갔는데 그 다음 날 친구들 집에서 부부 싸움이 일어났을 때 그런 마음이 든다. 우리 중 누구도 사람들을 죄로 이끌고 싶지는 않을 것이다. 사람들을 회색 지대로 인도하시는 예수는 죄인들과 자리를 함께하시면서 그들이 더 이상 죄에 빠지지 않게 하려고 하셨다.

우리가 앞으로 친구가 될 사람, 시간을 함께 보낼 사람이 정해져 있는 삶을 살아야 한다면, 또는 내가 죄에 빠뜨릴 수도 있을지 모르니 물건을 팔 대상을 미리 정해 놓고 살아야 한다면 그것도 미칠 노릇일 것이다. 폭식은 동성애보다 더 심각한 죄이므로, 빵집 주인이 매주 뚱뚱한 목사의 도넛 주문을 받아주었다면 이에 대한 총체적인 책임을 져야 할 것이다. 그뿐만 아니라 목사가 매번 교회에 패스추리 빵을 제공했다면 과식하는 성도의 죄에 책임을 져야 한다.

"그렇긴 하죠. 근데 휴 목사님, 교회에 있는 모든 성도가 식충이는 아니잖아요." 당신 말이 맞다. 그러니 그 빵집 주인과 목사는 어떤 사람에게든 이렇게 말해 줘야 할 것이다.

"미안해요, 이르마(Iram). 제가 이 블루베리 빵을 당신에게 주는 바람에 당신이 과식의 죄에 빠지도록 부추겼네요."

교회 성도 중 많은 형제가 포르노 중독과 싸우고 있다고 해서 우리가 컴퓨터를 소유하고 있거나 컴퓨터를 만드는 사람, 또는 컴퓨터를 수리하는 사람을 비난하는가? 불교도, 힌두교도, 무신론자, 몰몬교도, 이슬람교도, 자유주의자 또는 '더 뷰(The View)' 밴드의 팬들이 만든 제품을 사용하지 않으려고 이곳저곳으로 그리스도인들이 만든 물건을 찾아다니고 있는가? 만일 우리가 그들에게 1달러라도 벌게 한다면, 그들을 그릇된 길로 가게 하는 데 이바지하고 있는 것인가?

"하지만 휴 목사님, 솔직히 말해서 어떤 죄들에 대해서는 사람들에게 알려 줘야 하는 거 아닌가요? 게이가 되는 것은 크리스피 크림 도넛 한 상자를 먹는 것보다 더 나쁜 일이잖아요?" 여기 몇 가지 도움이 될 만한 질문들이 있다.

잘못인지 모르고 하는 일과 잘못인지 알고도 하는 일 중 어느 것이 더 나쁠까? 후자가 더 나쁘다. 누군가가 하나님의 뜻에 반

한다는 생각을 하지 못하면서 어떤 일을 했다면, 우리는 그를 우매하거나 헤매고 있다고 말하지 확실히 잘못했거나 죄악에 빠졌다고 말하지는 않는다. 하지만 무엇이 옳은지 그른지, 좋고 나쁜지를 아는 사람은 어떤가? 무엇을 해야 하는지 아는 사람이 그것을 계속해서 하지 않았다면 어떤가? 알고도 의도적으로 하나님에게 엿 먹이는 것이므로 더 나쁜 일이라고 할 수밖에 없다. 그러므로 불순종의 죄는 무지의 죄만큼이나 나쁘다. 우리에게는 어떤 특정한 잘못을 가려잡아 자신이 생각하는 죄보다 더 나쁘다고 말하는 경향이 있다.

이것이 바로 '독선주의'다. 다른 말로 하면 우리의 정의(正義)가 다른 누군가의 정의보다 더 낫다고 스스로 평가하는 것이다. 자신이 실수해도 남의 실수보다 더 나쁘게 보지 않는다. 예수는 이런 사람을 절대 좋아하지 않는다.

버팔로 윙을 엄청나게 먹어대는 깨어 있는 신앙인, 포르노 중독에 빠졌다는 사실을 받아들이지 않으려는 사람, 탈세한 목사, 체면을 세우기 위해 거짓말하는 그리스도인, 오프라 매거진이라는 잡지에 나온 물건을 사려고 성경 공부 모임에 빠지고 백화점으로 달려가는 극성스러운 아줌마, 고아와 과부를 돌보지 않거나 원수를 사랑하지 않고 이웃을 내 몸과 같이 사랑하지 않거나 내 소유를 모두 가난한 사람들에게 주지 않는 우리는 모두 우매한 길을 가고 있는 두 게이와 별반 다를 바 없다.

우리가 주의 뜻에 불순종하는 죄는 그들의 무지함 만큼이나 나쁘다. 둘 사이에 죄의 차등을 둘 수 없다. 만약 당신이 게이에게 케이크를 팔지 않을 거라면 차라리 빵집 문을 닫는 편이 낫다. 게이 아닌 다른 사람들도 당신의 케이크를 살 자격이 없기 때문이다!

예수는 케이크를 만들었을까?

실제로 예수는 케이크를 만들었다. 그 케이크는 '은혜'다. 예수는 은혜로 충만했기에 언제든 진리를 가지고 우리 삶에 들어오실 수 있었다. 단지 케이크만 만드신 것이 아니라 우리의 결혼식에도 모습을 드러내신다. 이 광경을 자세히 보라. 예수께서 케이크를 만들고 결혼식에 참석하신다. 물론 그 자리에 참석한 사람들은 많지 않다. 성직자들은 자신이 게이들을 지지한다는 이미지를 보이기 싫어 결혼식에 참석하지 않을 것이다. 가족조차 결혼식을 피할지도 모른다. 하지만 예수는 그 자리에 참석한다.

사람들이 케이크를 먹기 시작할 때 누군가 이런 말을 한다. "와, 이 케이크 진짜 맛있네요. 누가 만들었죠?" 그러자 다른 사람이 예수 쪽을 쳐다보면서 말한다.

"그 남자가 저기 있네요. 저 사람이 요 앞 모퉁이에서 빵집을 운영하고 있어요. 듣자 하니 랍비라고 하네요. 그런 사람이 이 자리에 있는 게 좀 이상하긴 한데, 오늘 온종일 결혼식 준비하는

믿음을 살다

걸 도왔다고 해요. 사람 가리지 않고 누구와도 잘 지낸대요."

그다음에는 어떤 일이 일어날 거로 생각하는가? 나는 이와 비슷한 경험을 여러 번 했다. 탁 터놓고 진솔한 대화를 나누다 보면 사람들이 자신의 혼란스러운 상황에서 빠져나오기 시작한다. 이는 예수의 이야기, 나의 경험담에만 해당하는 것이 아니다. 포트워스(Fort Worth) 시에 사는 어느 목사에게서 온 메일을 한 번 읽어 보자.

> 휴 목사님에게,
>
> 이 글을 보면 목사님도 기뻐하실 것 같네요. 지난주, 한 남자가 게이 결혼식을 위한 장소를 빌릴 수 있을지 알아보려고 우리에게 찾아왔습니다. 그가 이렇게 말하더군요.
>
> "이곳에 계신 분들은 그리스도인들이라 저희한테 장소를 빌려주시지 않을 거로 생각합니다만, 그래도 저희는 결혼식을 치를 만한 이렇게 멋진 장소를 찾고 있습니다." 그러자 우리 총지배인이 이렇게 대답했습니다.
>
> "저희는 예수를 따르는 사람들이에요. 그러니 여러분에게 우리 식당을 빌려줄 수 있어 기쁘네요. 저희 'BREWED'는 이 도시를 섬기기 위해 시작한 식당이에요. 그래서 이렇게 여러분을 만날 수 있게 된 거고요."
>
> 남자는 그 말을 듣더니 울기 시작했습니다. 지금까지 여러 군데를 돌아다녔지만 모두 퇴짜를 맞았다고 하더군요. 그에게

예수와 그를 따르는 사람들이 판단하는 자들이 아니라 사랑하는 자라는 걸 보여 준 귀한 시간이었어요. 언젠가는 그 남자도 예수가 온 세상의 소망이라는 걸 깨닫길 진심으로 바랍니다.

– 조이(Joey)

'성육신'이 '선언'보다 앞선다는 걸 다시 한 번 보여 주려고 그와 관련된 내용을 살펴보았다. 은혜가 진리를 세운다. 은혜가 당신을 불러 그 자리에 있게 하고 누군가를 친구로 삼게 한다. 자녀의 실수나 잘못을 눈감아 주고 가만히 앉아 아이 마음의 진짜 문제를 돌보아 주는 부모처럼, 예수는 대화를 통해 사람의 인생을 바꾸셨다. 그럴 수 있었던 건 그 자리에 그들과 함께 있었기 때문이다.

여기에서 우리가 확실히 알 수 있는 사실이 있다. 우리가 케이크를 만들지 않으면 대화도 나눌 수 없다. 대화를 나누지 않으면 하나님을 보여 줄 가망이 전혀 없다. 그러나 우리가 신실한 친구로서 은혜와 사랑을 보여 준다면 언젠가는 그 사람도 나와 수다를 떨려고 문 앞까지 찾아올 것이다.

재판정에 선 재판관에서 현관 앞에 선 친구 또는 아버지로

누군가의 죄와 무지, 실패와 실수를 눈감아 주려면 판사의 망치(의사봉)를 팔고 집 앞 현관에 놓을 흔들의자를 사야 한다.

믿음을 살다

누가복음 15장에는 유명한 탕자 이야기가 나온다. 우리는 하나님의 은혜를 악용한 탕자와 자신을 쉽게 동일시한다. 하지만 아버지와 동일시하는 경우는 드물다. 탕자의 아버지는 케이크를 만들어 아들에게 주었고 아들을 떠나보냈다. 아버지는 아들에게 돈(케이크)을 주고 아들의 결정에 제동을 걸지 않으면 결국 파멸의 나락으로 떨어질 거라는 사실을 알고 있었다. 아버지는 마음이 찢어지게 아팠지만, 아들에게 은혜와 자유를 허락하지 않으면 아버지를 완전히 외면해 버릴 것을 알고 있었다.

탕자의 아버지는 왜 이렇게 말하지 않았을까?

"아들아, 네가 내 곁을 떠나서 죄를 짓고 내가 준 돈을 모두 탕진하리라는 걸 잘 알고 있다. 그래서 말인데, 네가 가는 길을 막진 않겠지만 널 도와주지도 않을 것이다. 내 유산은 절대 물려주지 않을 것이다."

아버지는 이런 방법을 택하지 않았다. 언젠가는 아들이 집으로 돌아올 '여지'를 남겨 놓아야 했기 때문이다. 훗날 아들은 자신이 오만불손했음에도 아버지가 복을 주셨고, 구원을 위한 여지까지 남겨 두었다는 사실을 기억하게 될 것이다. 아버지도 이 방법이 좋았던 건 아니다. 어느 누가 좋겠는가? 그러나 무슨 수를 써서라도 아들과의 관계를 열어 두어야 했다! 아버지는 대화를 원했다. 아들에게 힘든 시간이 찾아올 때 다시 아버지의 집으로 돌아오길 바랐다. 이때도 은혜가 진리를 이끌었다!

예수는 사람들을 옹호하거나 비난하지 않으셨다. 그들이 죄에 빠지도록 내버려 두지도 않았다. 잘못된 길로 인도하거나 관계의 다리를 끊어 버리신 것도 아니다. 그분은 죄인들의 친구가 되셨다. 집 나간 자식이 돌아오길 기다리던 늙은 아버지처럼, 예수는 지치고 상한 아들 옆에 앉아 이야기를 나눌 수 있는 가장 좋은 자리, 바로 집 앞 현관에서 기다리고 계신다. 세상에서 방황하던 사람들은 대부분 자신을 끝까지 기다려 준 그분에게 돌아온다.

다른 방법은 사람들을 독단적으로 판단하는 것인데, 이러면 그들을 다시 볼 수 없을 것이다. 이제 당신의 선택만 남았다!

게이 케이크 문제에 대해 블로그에 올린 글과 댓글들을 확인해 보려면 다음 주소로 들어가면 된다.
http://hughhalter.com/blog/2012/08/08/hugh-bakes-a-cake-would-jesus-bake-a-cake-for-a-gay-wedding

생각

왜 우리는 은혜보다 진리를 우선시 할까? 당신은 어떻게 하는가?

_____

_____

 느낌

모르는 사람들이 당신에게 무언가를 충고할 때 드는 느낌과 신뢰
하는 친구가 당신에게 충고할 때는 드는 느낌을 비교해 보라. 이
것은 은혜와 진리에 대해 어떤 생각을 하게 하는가?

_____

_____

 실행

당신이 완전히 단념했던 사람과 점심 약속을 잡아 보라.

_____

_____

11

예수와 하나님 나라에 대해 말하기

●

예수의

방식대로

대화하기

가장 서두에 다른 책에 대해 언급하는 게 조금 이상하지만, 내 친한 친구인 칼 메디어리스(Carl Medearis)가 「예수에 대해 말하기」(Speaking of Jesus)라는 제목의 책을 썼다. 내가 이 책에서 배운 점은 예수에 대해 말하는 방법이 있다는 것이다.

'예수에 대해 말하기'라는 방법이 있다는 것 자체만으로도 좋지 않은가? 나는 누군가 와서 나에게 예수의 증인이 되라고 하거나, 간증하라거나, 복음을 나누라고 하는 걸 결코 좋아하지 않는다. 모두 다 너무 이상하고 부자연스럽다. 그런데 그냥 예수에 대해 말하는 것은? 꽤 괜찮은 방법인 것 같다.

예전에 칼 메디어리스는 예수에 관한 이야기를 절대 꺼내면 안 될 것 같은 지역으로 날 데리고 갔다. 몇 년 전이다. 그는 레바논과 중동의 여러 지역에 나를 데리고 다녔다. 레바논의 수도 베이루트(Beirut)에서 우리는 이슬람교 시아파 교전 단체인 헤즈볼라(Hezbollah)의 지도자들과 이야기를 나누었다. 요르단의 수도 암만에서는 수십억 달러를 가진 이슬람교도들과 만났다. 예루살렘과 (팔레스타인의) 요르단 강 서안 지구(West Bank)에서는 서양 기독교를 세상에서 제일 악한 것으로 여기는 사람들과 만났다. 그런데 예상외로 이곳에서 만났던 사람들은 모두 예수에 관해 이야기하는 걸 좋아했다!

앞으로도 사람들은 그리스도인이나 교회, 예수의 이름으로 벌어지는 일들을 놓고 항상 다툴 것이다. 하지만 놀랍게도 예수의 삶에 대해 잘 모르는 사람들조차도 직감적으로 그분의 이야기나 그분의 말씀이 뭔가 따뜻하다는 걸 느낀다.

우리는 이 책에서 대부분 어떻게 하면 대화에 접근할 것인지에 대해 이야기했다. 이제는 실제로 어떤 대화를 나누면 좋을지 함께 살펴보도록 하자. 예수라면 자기 자신에 대해 어떤 말씀을 하셨을까? 우리는 예수에 대해 어떻게 말해야 할까?

대화 참여 vs. 대화 회피

당신의 삶에서 은혜가 흘러나오게 한다면 사람들은 당신을 통해 진리를 찾게 될 것이다. 요한복음 11장 47~48절에서 유대의 종교 지도자 중 하나는 사람들이 점점 예수를 따르는 것을 보고 이렇게 말했다.

"만일 그를 이대로 두면 모든 사람이 그를 믿을 것이요"

예수께서 많은 사람을 도우셨기에 사방으로 소문이 퍼졌고 그는 급속히 사람들의 영웅이 되어 갔다. 그럼에도 예수는 사람들에게 자신의 방식이나 말씀을 절대 강요하지 않았다. 예수는 특정한 누군가를 지목하거나 다가가려 하지 않았다. 단지 사람들이 그분을 따랐다.

예전에 나는 사람들에게 다가가 어떤 대화를 하든지 예수에 관한 이야기를 해야 한다고 배웠다. 그렇게 하려고 노력했지만 뭔가 석연치 않았다. 마음은 순수하더라도 내 말에 뭔지 모를 강압적인 느낌이 들었다. 이후 오랫동안 나는 이런 노력을 멈추고 대화를 회피했다. 하지만 예수께서 말씀하시는 방식을 공부한 후로는 어떤 압박감 없이 친구들에게 영향을 미치는 전혀 새로운 방법을 터득했다.

베드로전서 3장 15절에는 많은 그리스도인이 그다지 좋아하지 않는 내용이 있다. "너희 마음에 그리스도를 주로 삼아 거룩하게 하고" 즉 다른 모든 것을 그리스도보다 더 숭배하지 말라는 말이다. 이어서 이런 구절이 나온다. "너희 속에 있는 소망에 관한 이유를 묻는 자에게는 대답할 것을 항상 준비하되 온유와 두려움으로 하고." 예수와 그를 따르던 자들은 사람들이 자신을 찾아올 것을 기다리며 공적인 믿음의 증인으로 살았다.

세상 사람들은 예수를 따르는 자들을 가리켜 세상의 문화를 거스르며 사는 신앙인들이라고 말했다. 그리스도인들은 세상 사람들이 자신을 알아볼 것을 알고 있었다. 이것이 바로 우리가 온유와 인내로 말해야 하는 이유다. 예수에 관한 대화가 일어난다면, 당신은 상대방의 친구이거나 존경받는 동료일 경우다. 따라서 서두르거나 대화를 일부러 조종할 필요가 없다. 사람들이 당신에게 찾아온다면 온유와 인내로 말하면 된다. 그들이 이끌어 나가는 대화에 편안한 마음으로 함께하면 된다.

나는 이 사실을 깨달은 후 얼마나 자유로움을 느꼈는지 모른다. 지금껏 예수를 찾는 많은 친구를 만났지만, 지난 15년 동안은 좀처럼 대화를 시작하지도 못했다. 커피를 마시면서 그 친구들이 어떻게 사는지 들을 수 있을지 모른다. 하지만 그들로 하여금 대화를 이끌도록 하는 '진짜 기술'이 있다는 걸 이제야 알게 되었다.

이제 친구들이 우리를 찾아왔을 때 무엇을 이야기해야 하는지 이야기해 보자.

초대를 받을 때 말하라

슈젯(Suzett)이라는 젊은 여성이 우리 교회의 자매 공동체 안으로 들어왔다. 교회 자매들은 슈젯을 아낌없이 사랑했고 모든 일을 함께하며 우정을 쌓았다. 그녀가 언젠가는 예수에 대한 신앙을 갖게 되길 진심으로 소망했고 힘써서 기도했다. 이렇게 자매들과 슈젯은 5년 동안 함께 시간을 보냈다.

그런데 작년에 슈젯에게 불행이 찾아왔다. 이상한 병에 걸려 파킨슨병 초기 단계와 유사하게 근육이 경직되어 갔다. 병에 걸린 후 그녀의 삶은 송두리째 무너지기 시작했다. 더는 직장에 다닐 수 없게 되었고, 하나둘 포기해야 할 일이 생겼다. 슈젯의 소식을 들을 때마다 나는 그녀가 소망을 품고 하나님께 도움을 구하길 간절히 기도했다. 아니 적어도 우리 공동체가 그러길 바랐다.

아내와 내가 하와이에서 휴가를 보내고 있을 때 느닷없이 슈젯에게서 기도를 요청하는 전화가 걸려 왔다.

"누구한테 전화해야 할지 몰라서요. 우리 집에서 너무 무서운 일이 벌어지고 있어요. 악령들이 제 침대 위를 맴돌고 있어요. 선반에 있던 물건들도 날아가 버리고요. 더는 집에 있을 수가 없어요."

나는 전화로 그녀를 위해 기도해 주고 집에 돌아가자마자 꼭 들르겠다고 약속했다.

공동체 안에서 이와 같은 상황은 자주 일어난다. 나는 하나님이 삶의 어려움을 당한 사람들이 도움을 요청할 때까지 잠잠히 기다리기를 원하신다는 걸 알게 되었다. 슈젯처럼 곤욕을 치르고 있는 사람들이 도움을 구할 때, 당신이 할 일은 그들이 말하고 싶어 하는 문제를 가지고 대화를 시작하는 것이다. 그런 다음에는 그대로 하나님께 맡기면 된다. 슈젯에게는 악령이 말하고

믿음을 살다

싶은 문제였다. 마찬가지로 다른 사람에게는 결혼이나 깨어진 관계, 공황 장애 등이 문제일 수 있다. 사람들은 저마다 인생의 어려운 점을 가지고 있다. 이 책 앞부분을 보면 어려움을 호소하는 사람들을 위한 올바른 처신이 무엇인지 알 수 있다.

하나님 나라에 대해 말하라

덴버로 돌아가자마자 나는 짐을 내려놓고 기도해 주기 위해 슈젯에게 갔다. 그 전날 슈젯에게 전화를 걸어 한 시간 정도 일찍 가서 이야기를 나눌 수 있는지 물어보았다. 그녀는 흔쾌히 좋다고 했고 자신을 위해 시간을 내주는 것에 대해 고마워했다. 나 역시 마침내 이 '대화'를 시작할 수 있다는 사실에 감사했다. 지금까지 일어났던 일들과 과정이 모두 이 날을 위한 것이라는 생각이 들었다. 심지어 악령들까지 내가 슈젯과 만나 이야기를 나눌 수 있도록 도와준 것만 같았다.

현관문을 두드리자 슈젯은 활짝 웃으며 나를 맞이했고 작은 거실로 안내했다. 거실에는 그녀의 대학 동기인 루시(Lucy)와 브리타(Brita)도 있었다. 사실 나는 마음이 조금 불편했다. 슈젯과 개인적으로 이야기를 나누고 싶었기 때문이다. 우리는 각자 자기소개를 한 후, 나는 슈젯에게 이 집을 위해 기도하고, 영적인 것에 관해 이야기해도 괜찮은지 물었다. 그녀는 좋다고 했다. 두 친구에게도 양해를 구했다.

"브리타, 루시, 제가 예수나 악령, 슈젯이 겪고 있는 문제들에 대해 솔직하게 이야기를 해도 괜찮을까요?" 두 사람은 서로 얼굴을 쳐다보더니 웃으면서 고개를 끄덕였다.

이야기를 나누면서 나는 슈젯과 브리타가 학창 시절 같은 가톨릭계 학교에 다녔고 둘 다 뜻하지 않게 아버지가 세상을 떠났다는 사실을 알게 되었다. 루시는 한때 교회에 나갔지만, 지금은 완전히 무신론자가 되었다. 뭔가 굉장히 좋지 않은 일들이 있었던 것 같다. 그래도 다들 대화를 하고 싶어 했다. 이야기를 좀 더 들어 보니 두 가지 때문에 신앙을 갖기 힘들어했다. 하나는 형편없는 그리스도인들이 그들에게 보였던 행태였고, 또 하나는 인생 가운데 겪은 이해할 수 없는 고통이었다. 브리타는 눈물을 흘리며 이렇게 말했다.

"저는 아빠를 그렇게 일찍 돌아가시게 한 하나님을 절대 믿을 수 없었어요." 슈젯도 맞장구쳤다.

"맞아요, 하나님이 왜 나한테 이런 힘든 일을 겪게 하는지 모르겠어요. 병에 걸리고 … 지금은 악령들이 집에 출몰하고 있고요."

나는 각자가 처한 환경을 어떻게 바라보고 있는지 듣고는 이렇게 말했다.

"그동안 무슨 일이 있었는지 저에게 알려 줘서 정말 고마워요. 여러분이 왜 하나님을 믿기 어려웠는지 이해합니다. 저 역시 혼란스러운 일들이 많이 있었고 그럴 때마다 의심이 들었어요. 하지만 이 혼란에서 벗어나도록 도와준 것이 있어요.

　제가 그랬던 것처럼 여러분도 삶의 문제에서 예수께서 말씀하신 가장 중요한 메시지를 놓치고 있다고 생각해요. 예수는 여러분이 싫어하는 그 모든 문제를 바꾸려고 이 땅에 오셨어요. 예수는 가는 곳마다 하나님의 나라에 대해 말씀하셨죠. 어둠의 왕국 가운데 하나님 나라가 임할 것이고 결국 세상을 전복시킬 거라고요. 하나님 나라가 임한다는 건 간단히 말해서 하늘에서 이루어지는 방식이 땅에서도 이루어지도록 세상을 변화시킨다는 뜻이에요. 여러분도 아마 알 거예요. 예수께서 십자가에서 죽으신 사건이 바로 이 이야기의 핵심적인 부분이죠. 십자가 사건으로 사람들 사이에서 믿기지 않은 일들이 일어났어요. 그래서 사람들은 예수가 오신 것을 복음이라고 불렸죠. 복음은 '좋은 소식'을 뜻합니다.

　나라는 누군가가 통치하는 영역을 말해요. 예수는 이 땅의 삶을 탐욕, 이기심, 고통, 가난, 질병, 전쟁, 학대, 종교적 맹목, 죽음을 무기로 어둠의 왕국이 통치하고 있어서 괴로울 수밖에 없다고 말씀하셨어요. 이것들은 세상에 들어온 죄 때문에 생긴 결과들이죠. 그래서 예수께서 우리의 죄를 위해 죽으신 겁니다. 예수의 죽음으로 우리는 옛 왕국의 굴레에서 벗어나 하나님의 나라에서 살 수 있게 되었어요. 하나님의 나라에서는 이 모든 죄의 결과들이 사라집니다. 가난, 고통, 슬픔, 성적 학대, 이기적인 남자친구, 소아성애(小兒性愛)에 빠진 목사, 걷잡을 수 없는 매춘이 모두 사라지죠.

여러분은 나쁜 것들이 모두 하나님에게서 비롯되었다고 생각하기에 그분을 믿을 수 없는 겁니다. 하지만 정확히 반대예요. 여러분은 하나님이 싫어하시고 바꾸고자 했던 나쁜 일들을 경험했던 거예요."

"그럼 왜 하나님은 모든 걸 단숨에 바꾸지 않을까요?" 슈젯이 물었다.

"아주 좋은 질문이에요." 내가 대답했다.

"간단하게 말하면, 하나님은 우리를 사랑하셔서 '자유의지'라는 걸 주셨어요. 우리가 원하는 왕국을 선택할 수 있는 자유의지요. 그런데 안타깝게도 우리는 대부분 하나님의 왕국이 아닌 자신의 왕국을 택했어요. 선택에 대한 결과들이 우리에게 자연스럽게 나타났고요. 하나님은 자신의 통치를 우리에게 강요하지 않지만, 우리가 통치권을 포기할 때 그분의 왕국이 승리하게 됩니다. 우리에게 고통을 주는 어두운 영적 세력들도 모두 하나님의 통치 앞에서 물러날 거예요. 그래서 하나님께 통치권을 넘겨드리는 게 무엇보다 중요한 일이라 할 수 있죠."

"저는 가톨릭계 학교에 다녔는데, 이런 하나님 나라 이야기는 한 번도 들어 본 적이 없어요." 브리타가 속상한 듯 말했다.

"저도 평생을 교회 안에서 성장하고 심지어 목사 일도 10년 가까이 했는데, 이런 이야기를 제게 해 준 사람이 아무도 없어요. 그러니 너무 속상해하지 말아요." 내가 말했다.

그러자 브리타가 말을 이었다.

"알겠어요. 그런데 목사님이 말씀해 주신 건 정말 대박이네요. 그게 진짜 사실이면 모든 게 뒤바뀌겠어요."

"물론이죠." 내가 대답했다.

"여러분이 기독교에 대한 나쁜 기억들을 깨끗이 지워 버리고, 오로지 예수와 그분의 메시지에만 초점을 맞춘다면 모든 상황이 이해가 될 거예요."

이 이야기는 실화다. 내가 가는 곳마다 그리스도인들은 예수께서 말씀하셨던 것만 빼고 다 얘기한다. 우리는 사람들을 교회로 데려오려는 것에만 신경 쓴다. 우리는 형편없는 그리스도인들의 행태를 변호하려고 한다. 논리적인 질문에 모두 다 답하려고 한다. 사람들이 역사적 지식이 부족한 거라고 지적한다. 도덕, 정치적 관점, 죄, 지옥, 미식축구 선수인 팀 티보(Tim Tebow) 같은 유명한 그리스도인들에게만 집중한다. 하지만 예수는 하나님의 나라에 관해서만 말씀하셨다.

다음 대화 주제로 넘어가기 전에, 복음서와 사도행전을 다시 주의 깊게 읽고 그분이 말씀하신 주요 메시지를 확인해 보라. 예수께서 하나님 나라에 대해 얼마나 많이 언급하고, 설명하고, 본을 보이려 했는지 알게 될 것이다. 예수의 메시지를 잘 알아두면 사람들이 늘 이야기하고 싶어 하는 주제에 대해 대화하는 데 큰 도움이 된다. 하나님 나라는 '그만큼' 좋은 것이다!

왕에 대해 말하라

하나님의 나라가 좋은 소식이라면 그 나라의 왕도 좋은 소식
이다. 당신이 대화하는 데 좀 더 자신감을 북돋워 줄 만한 정보
가 있다. 거의 모든 사람이 예수를 좋아한다! 나는 「신성모독」
(Sacrilege)이라는 책에서 예수는 모든 것에 신성 모독적이었기에
사람들이 그를 좋아한다고 말했다. 여기서 '신성모독'이란 종교
적 허울을 벗기고 진정으로 가치 있는 것을 드러낸다는 뜻이다.
예수는 계속해서 종교의 허위성을 무너뜨려야 한다고 말씀하시
고 실제로 자신이 그렇게 하셨다. 그는 율법에 대해 신성 모독적
이었다. 예수는 당시 율법학자들에게 지적 오만함을 버리고 대
신 자신이 알고 있는 것에 대해 복종하라고 말씀하셨다. 안식일
규례에 대해서도 신성 모독적이었다. 안식일에 병든 자를 고치
고 마땅히 해야 할 일을 하셨다. 예수는 사회 규범(금기)에도 신성
모독적이었다. 죄인들과 어울려 식사하고, 나환자를 손으로 만
지고, 어린아이들을 품에 안고, 여성을 존중했다. 그는 유대의
가족 관습에도 신성 모독적이었다. 사람들에게 하나님 아버지
의 가족은 어떤 개개의 가족보다 중요하다고 가르쳤다. 성전과
영적 지도자들에 대해서도 신성 모독적이었다. 예수는 그것들
이 더는 필요 없도록 만드셨다.

그는 진정한 우상 파괴자였다. 권력을 쥐고 있던 사람들은 예
수를 위협했지만, 보통 사람들은 그를 좋아했다. 예수는 사람들

믿음을 살다

을 해방해 주고 다시 살 수 있는 권한을 부여하셨다. 그는 결코 사람들의 행위를 비난하지 않았다. 쉬지 않고 주위에 있는 사람들을 축복하고, 고치고, 돌보고, 구해 주었다. 이 모든 일을 하시고 우리 죄를 위해 십자가로 향하셨다.

어느 누가 이런 사람을 좋아하지 않을 수 있을까? 하나님이 이처럼 하셨다면 누가 이것을 싫어할까?

작년에 워싱턴 D. C.에 있었을 때 교계의 세계적인 지도자 한 분을 만났다. 저녁 식사하는 내내 그는 예수에 관한 이야기만 했다. 어느새 그는 열정적으로 대화를 이끌어 갔고 최고급 스테이크 조각을 꽂은 포크를 내려놓더니 울퉁불퉁한 늙은 손가락으로 나를 가리키며 이렇게 말했다. "기독교나 교회, 그리스도인에 대해 말하면서 시간 낭비하지 마세요. 사람들에게 예수에 대해서만 말하세요!" 그러더니 빌리 그레이엄(Billy Graham) 목사에 대한 이야기를 들려주었다. 어느 날 빌리 그레이엄 목사를 만나러 가서 이렇게 물었다고 한다.

"이 엄청난 사역들을 마친 후 은퇴해서는 뭘 하실 겁니까?" 그러자 빌리 그레이엄 목사는 진심으로 이렇게 말했다고 한다.

"예수에 대해 더 많은 이야기를 할 생각입니다." 빌리 그레이엄 목사는 자신이 평생 전 세계의 복음화를 위해 애썼지만 이제 와서 보니 그것이 실수였음을 깨달았다고 한다.

빌리 그레이엄은 사람들을 기독교로 개종시키는 일이 전혀 예수의 관심사가 아니었다는 것을 깨달았다. 따라서 그 일이 우리의 관심사가 되어서도 안 된다. 예수는 또 하나의 종교를 만들려고 하지 않았다. 기독교 국가를 세우거나 기독교의 이름으로 다른 나라의 종교를 말살하거나 정복할 생각은 추호도 없었다. 예수가 오신 목적은 사람들이 한 분이신 진짜 하나님과 어떻게 관계를 맺는지 보여 주기 위해서다. 종교가 목적이 아니다!

요한복음 4장에는 예수가 나눈 중요한 대화 중 하나가 나온다. 예수는 물을 길으러 온 사마리아 여자와 이야기를 나누었는데, 그 여자에게는 전에 남편이 다섯 명이나 있었다. 그녀에게는 세 가지 치명적인 약점이 있었다. 첫째, 그녀는 여자였다. 둘째, 그녀는 사마리아인이었다. 셋째, 그녀는 남편이 다섯 명이나 있었고, 그래서 자기네 문화 안에서도 왕따를 당했다. 작은 마을 안에 숨을 곳이 없어 뜨거운 한낮임에도 사람들의 눈을 피해 우물가로 나온 것이다.

바로 그때 예수께서 갑자기 나타나 여인과 대화를 나누셨다. 여인은 화들짝 놀라며 나 같은 사람에게 어찌하여 말을 거냐고 물었다. 예수의 대답이 어마어마했다.

"네가 만일 하나님의 선물과 또 네게 물 좀 달라 하는 이가 누구인 줄 알았더라면 네가 그에게 구하였을 것이요 그가 생수를 네게 주었으리라"(요 4:10).

과연 놀랍지 않은가! 예수는 그녀가 최상급 죄인이라는 걸 알았지만 '좋은 소식'으로 이야기를 시작하셨다. 하나님의 선물과 생수! 여인은 자신이 사마리아인이고 죄인이기에 하나님께서

믿음을 살다

절대 선물 같은 건 주실 리 없다고 생각했다. 그녀는 자기가 하나님께서 받을 거라곤 심판밖에 없다고 믿었다. 하지만 예수는 계속해서 좋은 소식을 말씀하셨다. 점점 대화에 빠져든 여인은 예배에 관해서도 이야기하고 싶었고, 예수께서 말씀하신 영원히 목마르지 않을 생수에도 관심이 갔다. 예수께서 남편이 다섯 명이나 있었다는 사실을 폭로했지만, 여인은 예수가 그 사실을 가지고 자신을 비난하지 않을 거라고 확신했다. 대화가 끝나자마자 여인이 물동이를 버려두고 마을로 들어가 사람들에게 했던 말을 보면 이를 알 수 있다.

"내가 행한 모든 일을 내게 말한 사람을 와서 보라. 이는 그리스도가 아니냐?"(요 4:29)

예수는 대개 사람들에게 자신이 메시아라는 사실을 숨기려고 했지만, 유대인들의 그리스도를 기다리고 있던 이 여인에게는 그러지 않았다. 예수는 이렇게 말했다.

"내가 바로 네가 기다리던 그라"(요 4:26, 저자가 변형함).

예수는 이렇게 말씀하신 적이 있다.

"내가 땅에서 들리면 모든 사람을 내게로 이끌겠노라"(요 12:32). 예수는 거만하고 자기 잇속만 차리는 신인(神人)이 아니다. 우리가 하나님께 가려면 거룩함과 능력이 필요하다는 걸 깨닫게 하려고 힘써 도우셨다. 사람들이 예수가 어떤 분인지 보려고 올 때, 대부분은 안고 있던 문제가 사라질 것이다.

이제 '예수에 대해 이야기하기'와 관련해 네 가지 사항을 떠올려 보자.

> 대화를 피하지 말라.
> 사람들이 요청할 때 말하라.
> 하나님 나라에 대해 말하라.
> 왕에 대해 말하라.

추가로, 가끔 당신 본인의 이야기를 하는 것도 좋다. 대신 신중할 필요가 있다. 사람들은 인생을 장밋빛으로 만들어 줄 터무니없고 감상적인 간증을 기대할지도 모른다. 그들은 먼 곳에도 꽃향기를 맡을 수 있으니 간증할 때는 진실하게 이야기해야 한다. 당신이 하나님 나라에 대해 배우고 있는 것, 왕에 대해 배우고 있는 것을 말하라. 혼자만의 추측이나 환심을 사기 위한 말은 절대 하지 말라.

생각

사람들을 만나 예수에 대해 말하기 전에, 먼저 몇 달 시간을 갖고 4복음서와 사도행전을 다시 읽어 보라. 읽으면서 하나님의 나라 또는 천국이 얼마나 많이 언급되는지 살펴보라. 하나님 나라에 관한 핵심적인 내용을 노트에 정리해 보자. 그러면 대화하는 데 많은 도움이 될 것이다.

느낌

복음은 '좋은 소식'이다. 어려움을 당하고 있는 친구 세 명을 골라서 그들에게 무엇이 좋은 소식일지 리스트를 작성해 보라. 그 친구들이 좋은 소식을 들으면 어떤 느낌이 들지 예상해 보라.

실행

이 책을 다 읽은 후 친구 몇 명(아마도 이 책을 같이 읽은 친구가 될 것 같다)과 함께 하나님 나라의 삶을 실행해 보길 바란다.
(나의 책 「손에 잡히는 하나님 나라 지침서」 (*The Tangible Kingdom Primer*)를 참조하라. 또한 인터넷 사이트 'www.missio. us'에서 하나님 나라에 대해 영감을 얻고, 실제로 하나님 나라의 삶을 사는 좋은 방법을 담은 자료와 동영상을 보는 것도 도움이 될 것이다.)

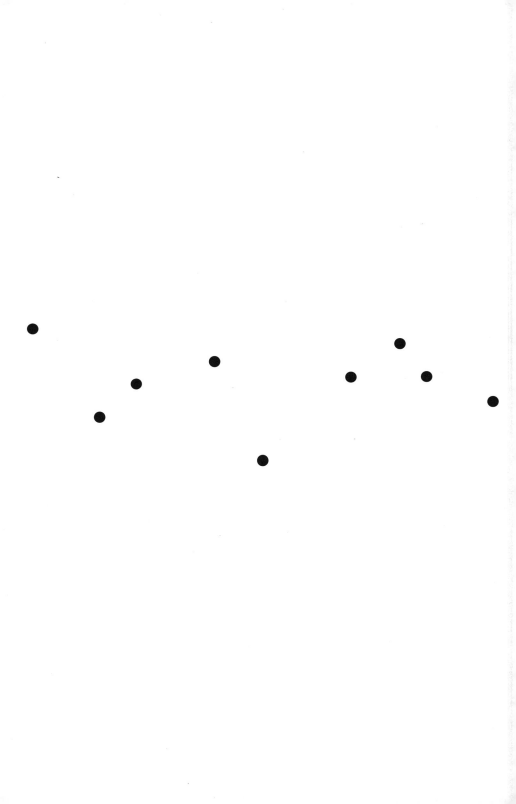

친구들과 스노보드를 즐기고 집으로 돌아오는 길에 케빈(Kevin)이 이런 말을 했다.

"지난번에 아내와 내가 자네 부부를 만나러 가는 걸 아주 좋아하는 것 같다고 얘기한 적이 있어. 생각해 보니 우리가 자네 집에 놀러 가기 전에 미리 전화로 말하지 않고 매번 깜짝 방문했더라고. 앞으로 미리 얘길 해야겠어. 그나저나 자네 부부는 한 번도 싸우는 것 같지 않아서 놀랐어. 가정이 항상 평화로운 거 같단 말이야."

나는 큰 소리로 웃었다.

"항상 평화롭다고? 지금 나 놀리는 거지? 우리 집도 가끔 장난이 아니야. 딸내미들이 야단법석을 떨 때가 있는가 하면, 우리 부부도 크게 한 번씩 싸우지. 사소한 것 가지고 말다툼도 많이 하고." 케빈은 흥미로운 듯 캐물었다.

"그래? 자네 부부도 많이 싸웠다고?"

"오 당연하지. 거의 매일 같이 그랬을 거야. 결혼 초반에 5년 정도는 정말이지 서로 잡아먹을 듯이 싸웠다니까!" 내가 대답했다.

"그럼 지금은 어떻게 안 싸우게 됐지? 우리 부부는 지금도 매일 싸우는데." 나는 농담으로 이렇게 말했다.

"그러겠지. 나도 알고 있어. 우리 집에 놀러 올 때마다 싸우더구먼!"

"나도 그것 때문에 미치겠어. 그런데 우리가 서로 어떻게 대해야 하는지 뾰족한 수를 모르겠단 말이야. 특히 공공장소에서. 자네 충고해 줄 말 없나?"

나는 창밖을 바라보면서 이번에 케빈과 좀 더 깊은 대화를 나눌 좋은 기회라는 생각이 들었다. 나는 속으로 기도를 한 후 심호흡을 하고 이렇게 말했다.

"케빈, 나도 지난 몇 년 동안 배운 게 좀 있는데 그걸 얘기해 주고 싶어. 그런데 그러려면 내 신앙에 관해서도 얘기를 해야 하는데. 그래도 괜찮겠어?"

"그럼. 물론이지. 바로 내가 원하던 바야. 사실 자네에게 어떻게 물어봐야 할지 고민 중이었거든."

이후 케빈과의 대화는 성육신의 마지막 단계로 넘어가기 위한 중요한 발판이 되었다. 지금까지 우리는 신뢰하는 친구들 사이에서 어떻게 대화해 나가야 할지에 대해 살펴보았다. 한 단계 더 나아가 우리는 사람들과 잘 어울리며 지낼 필요가 있다. 그때가 바로 은혜가 진리를 이끌고, 진리가 사람들에게 하나님의 필요를 직면하게 하는 신성한 순간이다. 사람들에게 우리는 모두 이런 일이 일어나야 한다는 걸 알지만 어떻게 일어나는지는 모른다. 이제 하나님께서 어떻게 이 문제를 해결하시는지 함께 살펴보자.

12

놀라운
성령의 임재

●

어떻게
실제로 직면이
일어나는가

라스베이거스(Las Vegas)에 있는 친구를 만나러
주말여행을 갔을 때였다. 아침 8시쯤 나는 노천카페에서 카페
라테를 즐기고 있었다. 간밤에 이 도시의 거리에서 술에 취해 고
성방가하는 사람들 때문에 잠을 제대로 자지 못했다. 그래서 아
침에라도 조용한 시간을 갖고 싶었다.

하지만 내 뜻대로 되지 않았다.

〈USA 투데이〉지를 보면서 자바 커피를 홀짝거리고 있는
데, 길에서 어떤 남자가 메가폰을 들고 떠들기 시작했다. 인류
의 죄에 대해 하나님이 심판하신다는 내용의 구약성경 구절을
인용하고 있었다. 정기적으로 그 자리에 나오는 사람임이 틀림
없었다. 사람들이 그를 길가의 소화전 보듯 그냥 무시하고 지

나쳤다. 두 게이가 손을 잡고 지나갔고, 그다음엔 여장 남자(transvestite)가 지나갔다. 근처에 앉아 있던 노숙자는 비둘기들에게 먹이를 주기 시작했다.

이 '선지자'는 아무도 관심을 보이지 않자 약이 오른 듯 보였다. 얼마 후 사거리를 대각선으로 건너 내가 있는 쪽으로 오더니 다시 자리를 잡았다. 구두 상자 크기의 설교단을 바로 내 옆에 두고는 다시 고함을 지르기 시작했다. 나는 짜증이 확 올라왔다. 그 사람 말고는 주위에 아무도 없었다. 그래서 나는 고함을 멈추게 하려고 보던 신문을 돌돌 말아 그의 팔을 툭툭 쳤다.

"아, 열정이 대단하시네요. 근데 여기 지금 저랑 당신밖에 없는 거 알아요? 저는 목사라서 심판을 받진 않을 거 같아요. 그러니 제발 커피 좀 마시게 조용히 해 줄래요?"

그 사람은 날 노려보더니 이렇게 말했다.

"당신이 목사면 나랑 같이 외쳐야죠. 이 도시는 심판 받아 마땅하다고요!"

그렇게 말하고는 휙 돌아서 다시 장황하게 '심판론'을 외쳐 댔다. 나는 하는 수 없이 다시 자리에 앉았는데, 카페에서 어떤 친구가 컵에 가득 채운 오렌지 주스를 가지고 나오더니 그 선지자의 얼굴과 메가폰에 끼얹어 버렸다! 나는 속이 시원했다! 설교자가 몸을 구부려 얼굴과 메가폰을 닦자, 나는 얼굴을 쭉 내밀며 이렇게 말했다.

"근데 당신한테 닥친 이 심판은 어떻게 된 거죠?"

당시 나는 좀 더 목사답게 처신했을 수도 있었겠지만, 아무튼 문제는 그 사람의 말이 실제로 옳다는 것이다. 나는 모든 사람이 스스로 죄인이고 그래서 하나님이 필요하다는 사실을 직면해야 한다고 확신하는 사람이다. 그런데 어떻게 해서 이러한 직면과 심판이 실제로 일어나게 되는가?

답을 얻기 위해 우리는 '기러기의 비행'에 대해 이해할 필요가 있다!

고대 기독교의 역사를 보면 성령을 나타내는 상징들이 꽤 많았다. 가톨릭 계통에서는 전통적으로 작고 유순한 비둘기를 성령의 상징으로 삼았다. 하지만 로마 가톨릭에 저항하던 작은 섬나라 아일랜드에서는 성령이 기러기와 더 닮았다고 보았다!

이것은 '직면(confrontation)'과 관련해 매우 중요하다.

요한복음 16장 7~15절에서 예수는 기러기 같은 성령에 대해 가르치기 시작하셨다.

> "그러나 내가 너희에게 실상을 말하노니 내가 떠나가는 것이 너희에게 유익이라. 내가 떠나가지 아니하면 보혜사가 너희에게로 오시지 아니할 것이요 가면 내가 그를 너희에게로 보내리니 그가 와서 죄에 대하여, 의에 대하여, 심판에 대하여 세상을 책망하시리라. 죄에 대하여라 함은 그들이 나를 믿지 아니함이요 의에 대하여라 함은 내가 아버지께로 가니 너희가 다시 나를 보지 못함이요 심판에 대하여라 함은 이 세상 임금

이 심판을 받았음이라.

내가 아직도 너희에게 이를 것이 많으나 지금은 너희가 감당하지 못하리라. 그러나 진리의 성령이 오시면 그가 너희를 모든 진리 가운데로 인도하시리니 그가 스스로 말하지 않고 오직 들은 것을 말하며 장래 일을 너희에게 알리시리라. 그가 내 영광을 나타내리니 내 것을 가지고 너희에게 알리시겠음이라. 무릇 아버지께 있는 것은 다 내 것이라. 그러므로 내가 말하기를 그가 내 것을 가지고 너희에게 알리시리라 하였노라."

이 본문을 함께 살펴보자. 예수는 제자들에게 자기가 곧 떠나야 한다고 말씀하셨다. 누구나 예상하듯이 제자들은 혼란에 빠졌다. 하지만 예수는 성령을 보낼 것이기에 자신이 떠나는 게 그들에게 더 유익하다고 말씀하셨다. 성령은 그들을 보호하고 진리를 향해 바른길로 인도할 것이다. 또 죄와 의에 대해 세상을 책망할 것이다.

꽤 괜찮아 보이지 않나?

그렇지만 내가 제자였다면 기분이 그다지 좋지 않았을 것 같다. 제자들은 예수의 가장 가까운 친구였다. 그래서 사람들에게 영향을 미치는 예수의 놀라운 능력을 직접 목격했다. 예수는 늘 바른 것을 말하며 바른 일을 행했고, 어디로 가야 할지 알고 계셨다. 그들은 누구보다도 가장 가까운 곳에서 주님의 놀라운 능력을 경험할 수 있었다. 그래서 만약 예수께서 어딘가로 떠나셨다면 남쪽으로 갔을 거라고 생각했을지도 모르겠다. 예수는 성령이 어떤 일을 하실지 제자들이 모를 거라고 생각했다. 그래서 제자들에게 예루살렘을 떠나지 말고 성령을 기다리라고 당부하셨다.

사도행전 2장을 보면, 예수를 따르던 사람들이 한 방에 모여 있었다. 그때 수많은 기러기 떼가 몰려오듯 큰 소리가 그들을 압도했다(2절). 성령이 모든 사람 위에 임했고 그들은 성령이 인도하는 대로 각기 다른 방언으로 하나님의 말씀을 말하기 시작했다. 당시 예루살렘에는 세계 여러 지역에서 온 유대인들이 있었는데 제자들이 각자 자기 지역의 방언으로 복음을 말하는 걸 들을 수 있었다. 성령이 그 무리 가운데 충만히 임한 것이다! 그때 베드로가 일어나서 히브리어로 하나님이 주신 말씀을 전하기 시작했다.

> "그런즉 이스라엘 온 집은 확실히 알지니 너희가 십자가에 못 박은 이 예수를 하나님이 주와 그리스도가 되게 하셨느니라 하니라.
> 그들이 이 말을 듣고 마음에 찔려 베드로와 다른 사도들에게 물어 이르되 형제들아 우리가 어찌할꼬 하거늘
> 베드로가 이르되 너희가 회개하여 각각 예수 그리스도의 이름으로 세례를 받고 죄 사함을 받으라. 그리하면 성령의 선물을 받으리니 이 약속은 너희와 너희 자녀와 모든 먼 데 사람 곧 주

우리 하나님이 얼마든지 부르시는 자들에게 하신 것이라 하고
또 여러 말로 확증하며 권하여 이르되 너희가 이 패역한 세대
에서 구원을 받으라 하니 그 말을 받은 사람들은 세례를 받으
매 이 날에 신도의 수가 삼천이나 더하더라"(행 2:36~41).

요한복음 16장에서는 제자들이 예수가 떠나는 게 왜 더 나은
것인지 이해할 수 없었다. 하지만 사도행전 2장에서는 한 공동
체를 이룬 그들이 성령의 능력을 경험하게 되었다! 제자들은 다
음과 같은 사실을 알게 되었다.

우리 안에 내려 온 성령

성령이 어떤 식으로 죄에 직면하게 하는지에 관한 두 가지 오
해가 있다. 야구에 비유하자면, 하나는 성령이 만루 상황을 만
들어 놓으시고, 우리는 클린업(cleanup, 야구에서 장타를 쳐서 누상에 있는
주자를 모두 홈으로 불러들이는 것 – 역자 주)만 하면 된다는 것이다. 성령
이 모든 사람을 출루(타자가 베이스에 나감 – 역자 주) 상태로 만들어 놓
으면 우리는 나무 방망이로 공만 치면 된다는 말이다. 다른 말로
하면, 우리가 사람들과 커피 한잔하면서 몇 마디 말만 해도 그들
이 알아서 무릎 꿇고 회개한다는 것이다.

다른 하나는 이와 정반대다. 이번에는 성령이 우리를 위해 클
린업을 한다. 우리가 할 일은 사람들의 죄가 얼마나 심각한지,

믿음을 살다

지옥 불은 얼마나 뜨거운지 마구 떠들어대면서 그들에게 겁을 주는 것이다. 그럴 때 성령은 우리가 무슨 헛소리를 지껄이든 사람들이 우리의 말에 귀를 기울이게 한다는 것이다.

분명 둘 중 어떤 것도 사실이 아니다.

다시 요한복음 16장으로 돌아가서, 예수께서 이곳을 떠나고 성령을 보내는 것이 더 낫다고 하셨을 때, 이 말은 성령이 바삐 돌아다니면서 자기 일을 한다는 것이 아니었다. 믿는 자들에게 성령이 그 안에 거하신다는 것을 보여 주신다. 성령은 이곳저곳 날아다니며 단지 진리를 속삭이는 것이 아니다. 성령은 우리에게 선물처럼 주어져서, 우리 안에 거하시면서 주께서 무엇을, 언제, 어떻게 말씀하시는지 알도록 도우신다. 성령은 예수의 영이다. 이는 삼위일체의 신비이며, 성령이 우리에게 성육신의 삶을 사는 방법을 가르쳐 주신다는 점에서 유익하다. 예수의 영이 이제 우리 몸 가운데 거하시면서 우리가 좀 더 성육신적인 삶을 살 수 있도록 도우신다. 여기에 바로 심판과 관련된 요점이 있다. 사람들은 우리를 통해 하나님을 만나게 될 때 죄의식을 느끼게 된다.

"너희 안에 계신 그리스도시니 곧 영광의 소망이니라"(골 1:27).

세상의 잘못을 일깨우기

요한복음 16장에서 예수는 성령께서 죄에 대해, 의에 대해,

심판에 대해 '세상을 일깨울(개역개정판에서는 prove를 '책망하다'로 번역했지만 여기서는 '일깨우다'라는 의미에 더 가깝다. – 역자 주)' 것이라고 말씀하셨다(요 16:8). 그렇다면 성령은 어떻게 이 일을 행하시는가? 하나님의 영이 우리에게 임하시면, 예수는 우리가 세상 사람들 앞에서 진리대로 살아감으로써 그들의 잘못을 일깨울 수 있다고 말씀하셨다. 우리가 거의 죄를 짓지 않고 살아가는 모습을 볼 때, 사람들은 자기 자신의 죄를 마주하게 된다. 우리가 좀 더 올바른 삶을 사는 걸 보면, 그들은 뭔가 다르다는 걸 느끼게 된다. 우리가 남을 비판하는 사람들이 아니라는 걸 알게 되면, 그들은 실제로 하나님이 사람들을 어떻게 심판하는지 이해하기 시작할 것이다. 그들은 하나님의 은혜에 감동하게 될 것이다.

예수처럼 성령도 우리의 '죄악(sins)'에 대해 크게 놀라지 않으신다. 하지만 성령과 예수 모두 우리의 '죄(sin)'에 대해서는 엄청난 관심이 있으시다. 무슨 말인가? 죄악은 하나님이 의도하지 않았던 일을 우리가 저지르는 것을 말한다. 반면, 죄는 불신앙의 상태를 가리킨다. 간단히 말해서 모든 죄악은 우리가 하나님을 믿지 않기 때문에 저지르는 행위이다. 요한복음 16장 9절 말씀을 보자.

"죄에 대하여라 함은 그들이 나를 믿지 아니함이요" 이 구절은 하나님께서 행위보다는 불신앙이라는 문제 더 많은 관심을 갖고 있다는 사실을 보여 준다. 그래서 우리가 누군가를 판단하지 않고 의로운 삶을 살도록 성령께서 도우시면, 사람들은 자신의 불신앙 상태를 직접 마주하게 된다. 성령께서 그들에게 믿음을 갖도록 인도하시면, 행위는 때가 되면 바뀔 것이다. 신앙인이 된다는 건 모든 것을 믿는다는 뜻이 아니다. 제자도는 삶의 모든 영역에서 예수를 믿는 걸 의미한다. 우리 중 누구도 모든 면에서 완전한 믿음을 가질 수 없다. 그래서 다른 사람들의 불신앙을 비판하는 대신에 그들을 불러 믿음을 배울 수 있다.

요한복음 5장 22절에서 예수는 아버지께서 사람들을 심판할 능력을 자신에게 주셨다고 말씀하셨다. 그러나 그 전에 요한복음 3장 17절에서 요한은 아버지가 아들을 세상에 보내신 이유는 세상을 심판하기 위해서가 아니라 세상을 구원하기 위해서라고 했다. 다시 말해, 예수는 우리를 심판할 권한을 갖고 있었지만, 그것 때문에 이 땅에 오신 게 아니라는 것이다. 오히려 그 반대다. 심지어 간음하다가 잡혀 온 여자에게도 예수는 비난하지 않고 이렇게 물으셨다. "너를 고발하던 그들이 어디 있느냐?" 여자가 대답했다. "주여 없나이다." 그러자 예수께서 말씀하셨다. "나도 너를 정죄하지 아니하노니 가서 다시는 죄를 범하지 말라"(요 8:10~11).

여기에 예수의 삶 속에서 볼 수 있는 뻔한 진리가 있다. 우리가 덜 판단할수록 다른 사람들이 더 건강하게 죄의식을 느끼게 된다. 반대로 우리가 더 판단할수록 그들은 죄의식을 덜 느끼게 된다.

죄의식을 갖거나 죄와 직면하는 것은 날카로운 가시로 가슴을 찌르는 고통일 수 있다. 하지만 우리가 예수의 삶을 본보기로 삼는다면, 죄의식이 오히려 어두운 방을 환히 밝히는 빛처럼 느껴질 것이다. 성육신의 목적은 사람들이 죄에 직면하길 바라도록 돕는 데 있다. 이런 일이 일어나게 할 몇 가지 비결이 있다.

그들 자신을 스스로 심판하게 하라

통찰력이 있는 사람이라면 복음서를 읽을 때 예수께서 누구도 죄에 직면시키려 하지 않았다는 사실을 금방 발견할 것이다. 복음서에 나온 사람들은 자기 스스로 죄에 직면했다. 그래서 예수께 곧바로 찾아와 자신이 왜 이러는지 알고 싶어 했다.

보통 우리는 사람들에게 죄를 직면시켜 더는 망가지지 않게 하려는 경향이 있다. 잘못된 발상은 아니다. 논리적으로 충분히 타당한 생각이다. 그러나 예수의 비결은 이와 달랐다. 대개 사람들은 어둠의 고통을 충분히 맛보기 전까지는 빛으로 나오지 않는다.

간음하다 잡혀 온 여자는 자신의 삶의 방식이 자신을 억압한다는 사실을 알았다. 세리 마태는 불공정한 상행위로 사람들의 미움을 받는다는 것을 알았다. 젊은 지도자 빌라도는 자신에게는 영적 갈망을 채울 길이 없다는 걸 알았다. 예수는 이들 중 누구에게도 나서서 죄를 직면시킬 필요가 없었다. 그냥 자신의 자리에서 그들이 왜 삶의 문제가 해결되지 않는지 볼 수 있게 도와

주기만 하면 되었다.

친구나 가족이 성(性)적인 문제나 인간관계에서 또는 개인적인 문제에서 어리석은 선택을 하는 걸 그냥 지켜만 본다는 게 쉬운 일이 아니다. 우리는 그들이 뭔가 문제의식을 느끼게 해 지혜로운 말씀에 귀 기울이도록 하고 싶어 한다. 하지만 예수는 절대 그렇게 하지 않으셨다. 그는 사람들이 말씀에 귀 기울일 상태가 될 때까지 충분히 방황하도록 내버려 두셨다. 직면의 목적은 사람들에게 문제의식을 느끼게 하는 것이 아니다. 그들이 하나님을 인생의 주인으로 인정하도록 돕는 것이다.

예수께서 사람들을 직면시키려는 의지가 부족한 것 아닌가 하는 의심이 들 수도 있다. 하지만 하나님은 이미 오래전부터 이런 방식을 이용해 오셨다. 아담이 죄를 지은 후 하나님께서 그에게 옷을 만들어 입히시지 않았는가? 다윗이 다른 남자의 아내와 동침하고 그 남편까지 살해했는데도 나중에 그를 용서하시지 않았나? 가난한 사람의 일주일 봉급을 가로챈 세리 마태와 한 식탁에 둘러앉아 빵을 나누어 먹었던 일을 잊었는가?

예수는 죄로 인해 곤경에 처한 사람을 돕는 것이 실제로 자연스럽게 죄의식을 갖게 하는 가장 좋은 방법이라고 가르치신다.

예수는 절대 죄인들에게 욕먹어도 싸다는 식으로 모욕감을 주지 않았다. "거 봐, 내가 말했잖아."라고 뒤에 가서 말하는 분도 아니다. 예수는 은혜와 진리가 체현된 분이었기에 사람들은 지난날을 회개하고 거듭난 인생을 살기 위해 그분께 몰려들었다. 마지막으로 심판과 회개에 관한 이 말씀을 함께 읽어 보자.

"하나님의 인자하심이 너를 인도하여 회개하게 하셨느니라"(롬
2:4).

생각

이 장을 읽고 자녀를 양육하거나 친구를 돕는 부분에서 생각이 바뀐 부분이 있는가?

_____

_____

 느낌

로마서 2장은 우리가 남을 판단하면 자신을 정죄하는 것이라고 말한다. 하나님께서 당신이 남을 판단하는 것에 대해 지적하고 계신다면 그것은 무슨 의미일까?

_____

_____

 실행

성령을 구하자. 당신이 죄를 직면시키려고 했던 사람이 있었는지 돌아보라. 이 시간 그들을 위해 잠시 기도하고 성령께 그들을 맡겨 드리자. 그리고 하나님께 인자함을 구하자.

_____

_____

PART **V**

변화
transformation

이제 거의 막바지에 이르렀다. 요한복음 1장 14 절에서 시작된 이야기로 다시 돌아가 보자. 우리는 예수께서 이 땅에 어떻게 오셨는지, 다른 사람을 위해 성육신하도록 권고한 그분의 삶이 얼마나 중요한지에 대해 많은 이야기를 나눴다. 우리는 분명히 구원을 향한 그분의 마음을 확인했다. 그런데 구원은 단순한 회심을 훨씬 뛰어넘는다는 걸 알고 있었는가? 사실 성육신은 전적으로 '변화(transformation)'와 관련 있다.

다음과 같이 상상해 보자. 예수께서 당신의 이웃이 되었고, 당신은 예수와 수년간 좋은 친구로 지냈다. 확실히 그분의 집은 영적인 중심지이자 친교의 장이 되었고, 모든 이웃에게 소개할 만한 좋은 장소였다. 예수를 점점 알아갈수록, 예수와의 관계가 단지 시간을 함께 보내거나 지나갈 때 손을 흔들어 인사하는 피상적 수준을 넘어섰다. 당신은 이제 예수가 단순히 괜찮은 사내가 아니라 지혜로운 사람이라는 걸 깨달았을 것이다. 당신의 깊은 갈망을 들어줄 누군가가 필요한 날에, 마음속 의문들을 풀어 놓고 지혜로운 이야기를 듣고 싶은 날에, 당신은 예수의 집으로 발걸음을 옮길 것이다. 예수의 집에서는 현관문에 노크할 필요가 없다. 그는 항상 앞마당에 나와 있거나 현관 의자에 앉아 있다. 마치 당신과 함께 이야기 나누고, 도움을 주고, 기도하고, 고민에 대해 조언해 주기 위해 기다리고 있는 것 같다. 예수의 성육신은 단지 당신과 친구가 되는 수준이 아니다. 예수는 당신의 전인격이 변화하는 데 도움을 주려고 보냄을 받은 것이다.

나의 신앙 여정 초반에 한 친구가 나에게 「내 마음 그리스도의 집」(IVP 역간)이라는 작은 책자 한 권을 선물로 주었다. 분량은 몇 쪽 안 되었지만, 그 책은 우리도 모두 언젠가 수화기를 들고 예수를 자기 집에 초대해야 한다는 사실을 알게 해 주었다. 예수를 우리 집에 모시면 굳이 그분에게 도움을 구하러 가지 않아도 된다. 우리는 예수께 내 마음의 집에 있는 모든 방을 개조해 달라고 요청할 필요가 있다. 더는 그분과 멀리 떨어져 살아서는 안 된다. 우리 집에 들어오시게 한 후 그분께 집문서를 맡겨 드려야 한다. 성육신은 예수께서 우리 이웃이 되는 수준을 뛰어넘는다. 성육신은 그리스도께서 우리 안에 살도록 하는 것이다. 이 마지막 단계가 예수께서 이 땅에 오신 진짜 이유다. 당신의 집 안에 있는 모든 방을 그분이 소유하게 하자. 마찬가지로 친구들과 성육신의 삶을 산다면 그들 역시 그분께 명의를 이전할 것이다. 다만 그런 일이 일어나려면 얼마간 시간이 필요하다.

믿음을 살다

13

성육신적 삶,
변화로 이끄는 부르심

●

성육신의

마지막 단계

　　　좋다. 좀 더 허심탄회하게 얘기해 보자. 내가
성육신의 삶을 살려고 지금도 분투하는 진짜 이유를 말하고 싶
다. 내가 성육신의 삶을 살면, 나를 통해 사람들은 예수를 발견
할 것이고, 나는 그들과 동행하게 될 것이다 … 아주 오랫동안!

　우리가 이 여정을 시작할 때 성육신은 뭔가 즐겁고, 신나고,
고무적이라는 뉘앙스를 풍겼다. 괜찮은 이웃 되기, 파티를 즐길
줄 아는 사람 되기, 집을 개방해 사람들과 함께 어울리거나 깊은
대화 나누기, 가난한 사람 돌보기, 종교적인 색깔 버리기, 소수
자에게 케이크 만들어 주기 … 이는 모두 예수께서 당신을 통해
이루시는 성육신적인 삶의 모습이다. 그런데 왜 더 많은 사람이
이러한 삶을 살아가지 못하고 있을까?

사람들은 변화를 거부한다. 그러나 예수는 우리의 모든 것을 변화시키려고 오셨다. 태초에 말씀이 계셨다. 모든 지혜는 예수를 통해 온다. 예수는 우리 옆집에 이웃으로 오셨지만, 우리에게 '변화'를 가져다주기 위해 생명의 말씀을 나누는 분이기도 하다.

성육신은 단지 사람들에게 다가가는 것만을 의미하지 않는다. 사실 그건 성육신 전체 중 2%에 불과하다. 성육신에서 가장 중요한 건 하나님이 이 어둠의 세계에 사는 인류에게 생명의 빛을 가져다주신 사실이다. 예수께서 말씀하셨듯이 풍성한 생명을 얻게 하시려고 이 땅에 오셨다(요 10:10). 회심은 성육신의 출발점이지만, 변화는 성육신 전체에 해당한다. 이미 믿음을 가진 사람을 포함해 모든 사람이 예수의 빛 앞으로 나아가고 그들의 삶이 지속적으로 변혁의 과정을 겪는다.

간혹 우리는 성육신의 삶을 살면서 치러야 할 대가 때문에 염려하기도 한다. 앞에서도 살펴보았지만, 이 과정에서 '인내'가 정말 중요하다. 사람들에게 하나님의 영광을 보게 하려면 우리는 거듭 그들에게 다가갈 필요가 있다. 이 과정은 그 사람이 변화될 때까지 오래 지속될 수도 있다. 한 사람이 예수를 믿으려면 그만큼 시간이 필요하다. 더군다나 예수의 형상을 닮아가려면 훨씬 더 많은 시간이 필요하다. 따라서 성육신은 회심뿐 아니라 변화의 과정도 중요하다.

성육신적 삶이 시작될 때는 단순히 흥미로울 수도 있지만, 성육신의 마지막 단계는 실제로 만만치 않은 과정이다.

요한복음 17장에서 예수는 제자들을 위해, 공동체를 위해 기도하셨다. 가슴 깊은 곳에서 이 믿기 어려운 말씀이 터져 나왔다. "아버지, 아버지께서 내게 하라고 주신 일을 내가 이루었나이다."(4절, 저자가 변형함)

우리는 앞에서 이 부분에 대해 잠깐 다루었었다. 분명히 예수는 모든 사람을 돕지 않았다. 아니 많은 사람이 그분을 따랐지만, 그 가운데 극소수의 사람들과만 함께했다.

그럼에도 예수는 할 일을 다 했다고 말씀하셨다.

예수를 만나기 위해 줄을 서서 기다리고 있었는데, 예수께서 "나는 이제 가야 해 … 미안."이라고 말씀하셨다면 당신은 어떤 느낌이 들지 궁금하다. 기찻길 횡단 도로를 건너는 차량 행렬을 뒤따라가고 있는데 내 차가 건너기 바로 직전에 신호가 바뀐 상황과 같다. 제자들의 지인 중에는 다음날 예수를 만날 생각에 잔뜩 기대감에 부푼 사람도 틀림없이 있었을 것이다. 예수를 만나면 하나님의 왕국에 관해 좀 더 물어보고 싶었을지도 모른다. 그런 와중에 예수는 자신이 할 일을 다 이루었다고 말씀하신 것이다!

그렇다면 누가 그다음 일을 마무리해야 할까?

맞다. 바로 여러분과 나다!

예수는 누구보다 이 일에 지대한 관심이 있었다. 그분은 우리보다 훨씬 더 사람들을 사랑하신다. 우리보다 원수 마귀의 실제와 계략을 잘 알고 계신다. 우리보다 세상이 바뀌는 걸 더 보고 싶어 하신다. 하지만 예수는 떠나야 했고, 뒷일을 우리에게 맡겨야 했다.

세상을 인수하는 예수의 사업 계획이 계속 이어지는 한, 나는 우리가 다소 낙관적인 기대를 해도 좋다고 생각한다. 사실상 우리 그리스도인들은 하나님이 아닌 인간이기에 이 일을 다룰 수 있는 능력이 없다. 그럼에도 대개 사람에게는 자신의 동료들과 동행할 수 있는 신체적, 정신적, 감정적 에너지가 충분하다. 그렇다면 하나님은 실제로 어떻게 수많은 사람에게 다가가 그들을 변화시킬까?

하나님은 개인이 아닌 공동체를 통해 그 일을 하신다.

우리가 성육신적인 공동체가 되지 않으면 성육신은 실제로 일어날 수 없다.

성육신적인 공동체

앞에서 언급했듯이 내가 처음으로 쓴 책은 「손에 잡히는 하나님 나라: 성육신적인 공동체 만들기」(*The Tangible Kingdom: Creating Incarnational Community*)다. 이 책은 사람들이 살아가면서 놓치고 있는 가장 중요한 문제를 보게 해 준다.

그 중요한 문제가 뭘까?

하나님은 우리를 '원래' 공동체 안에서 변화하도록 설계하셨

다. 하나님과의 개인적인 관계라는 것은 애초에 존재하지 않는
다. 당신은 한 개인이고 주위에 아무도 없는 가운데 관계를 맺을
수는 있지만, 당신 자신의 힘으로 성장할 수 있도록 설계되어 있
지 않다. 하나님은 신약에 나오는 모든 말씀의 초점을 주의 사명
을 지닌 그리스도인 공동체에 맞추게 했다.

성경에는 사명과 동떨어져 있는 개인의 삶에 대한 기록은 없
다. 물론 당신은 무언가에 기초한 공동체를 이룰 수 있는데, 우
리가 '성육신적 공동체'라고 말할 때는 의도적으로 예수를 더 닮
아가고자 하는 동료들의 고유한 모임을 가리키는 것이다. 공동
체 사람들은 같은 이야기를 공유하고 함께 싸워나간다. 또한,
다 같이 죄를 회개하고, 힘을 모아 세상 속에서 하나님 나라를
이루어 간다. 이들은 깊은 수준의 이야기를 공유하며 살아가기
때문에 그만큼 깊이 있는 성장을 한다.

성경을 보면 알겠지만, 예수는 홀로 다니지 않았다. 무려 '하
나님'이신데도 예수는 성육신적인 공동체로 들어오셨다. 아버지
께서는 예수를 사람들 속에 보내셨고, 예수는 동료들과 함께했
는데 이들이 장차 성육신적인 공동체가 되었다.

잠시 휴식을 취하면서 10분짜리 동영상 네 개를 감상해 보자.
동료들과 성육신적 공동체의 비전을 이루어 갈 수 있는데 도움
이 될 만한 동영상이다.

인터넷 주소는 www.missio.us/media.htm이다.

긴장을 통한 변화

　동영상을 보면 동료들과 함께 성육신적 사명을 감당할 때 자연스럽게 긴장 상태가 발생한다는 것을 알 수 있다. 이는 더는 당신에게만 해당하는 문제가 아니다. 당신이 예수를 따를 때, 그분은 당신을 당신 자신에게서 떼어 놓는다. 처음에는 그 과정이 불쾌하게 느껴질 수 있다. 당신이 정서적으로 불안하거나 이기적이거나 알코올을 절제하지 못하거나 불순한 동기를 가지고 있다면, 당신에게 맹점이 있거나 둔감하거나 편견을 갖고 있거나 어떤 죄를 숨기고 있다면, 당신이 시간을 잘 관리하지 못하거나 습관적으로 약속 시간에 늦는다면, 또 비그리스도인들의 말을 잘 안 듣거나 자기 말만 지나치게 많이 하거나 너무 영적인 것만 강조한다면, 이 모든 것이 성육신적인 공동체 안에서 드러나게 될 것이다!

　(사람들이 메뚜기처럼 교회를 이곳저곳 옮겨 다니는 가장 큰 이유다.)

　교회 소그룹이나 주일 예배에서는 당신의 모든 걸 감출 수 있지만, 진짜 성육신적인 공동체에서는 당신이 누구이고, 지금 어디에 있는지 발견하게 될 것이다. 이것이 예수께서 우리가 함께 성육신할 동료들을 찾길 바라시는 이유다. 긴장은 우리를 정직하게 하고, 죄를 고백하게 하고, 서로의 짐을 나눠서 지게 하고, 서로가 성장하도록 도전하게 한다.

직면하게 하는 영적 공동체

변화는 힘과 관련 있다. '회심'의 과정을 초자연적인 경험이라고 말하듯이, '변화'는 기적적인 경험이라는 사실을 깨달아야 한다. 이러한 기적을 일으키는 힘은 우리 안에서 일하시는 성령으로부터 비롯된다. 우리는 주로 성령을 위로자라고 생각하지만, 그에 비해 죄와 의를 심판하는 분이라는 사실은 자주 잊어버린다. 이러한 심판은 믿지 않는 사람들이 신앙을 갖는 데 도움을 주기도 하지만, 무엇보다도 기독교 공동체 안에서 사람들을 변화시키는 데 큰 역할을 한다. 성육신적인 공동체를 통해 우리는 이런 말을 듣는다. "자, 계속 갑시다." 때로는 이 말이 따뜻한 격려의 말이 되지만 어떤 때는 도전하는 말 또는 직면의 말이 되기도 한다.

마가복음 10장에서 예수는 제자들과 오붓하게 경건의 시간을 보내고 있었다. 제자들은 그 시간이 마음에 들었다. 이렇게 소그룹 모임을 진행하고 있는데 아이들 몇 명이 예수께 뛰어들어 왔다. 그러자 제자들이 아이들에게 매몰차게 혼을 냈다. 제자들은 자신만이 특별히 예수와 경건의 시간을 가질 자격이 있다고 생각했던 것 같다. 그러나 성경에는 "예수께서 보시고 노하시어"(14절)라고 기록되어 있다! 이는 어마어마한 말씀이다. '노하시어(indignant)'는 예수께서 눈에 띄게 불만스러워하셨다는 것을 의미한다. 아마 화가 머리끝까지 났을 것이다! 같은 실수를 계속 반복하는 운동선수를 지켜보던 코치가 분통을 터뜨리는 것처럼, 예수도 제자 공동체의 행동에 속이 뒤집혔다. 그래서 제자들을 불러 꾸짖으셨다.

많은 그리스도인이 성육신적인 공동체가 얼마나 중요한지 안다고 말하지만, 실제로는 공동체의 뜻에 따르지 않는다. 우리는 개인 경건의 시간에 위로하고 인도하시는 성령은 좋아한다. 하지만 진리를 선포하는 공동체와 함께하고 복음을 위해 헌신하라고 부르시는 성령은 외면한다. 우리는 하나님이 세상을 바꾸고 우리를 사용하시길 감정적으로는 소망하지만, 갈등, 도전, 힘든 일이 눈에 보이면 어느새 다른 교회로 옮겨 갈 준비를 한다.

변화는 컨택트 스포츠(contact sport)다

컨택트 스포츠 풋볼, 복싱, 아이스 하키, 농구, 유도처럼 개인이나 팀이 각각 상대편과 직접적으로 맞서는 스포츠를 말한다. 따라서 경기 도중 자연스럽게 상대 선수와 육체적인 접촉이 일어난다.

―체육학사전

영화 〈포레스트 검프〉에서 주인공 포레스트가 미 대륙을 달리는 장면이 나온다. 이때 그가 한 말이다.

"그날 난 아무런 이유 없이 달리기로 했어요. 길 끝까지 갔다가 거기 도착하면 마을 끝까지 가보자고 생각했죠. 거기서 또 그린바우 군을 횡단해 볼까 생각했어요. 기왕 간 거 이번엔 앨라배마 주를 횡단하자고 생각했고, 결국 앨라배마 주를 횡단했어요. 아무 이유 없이 전 계속 달렸죠. 바다가 나올 때까지 줄곧 달려갔어요."[1]

이 장면을 기억하는 사람은 알겠지만, 포레스트가 달릴 때 사람들이 하나둘 같이 달리기 시작했고, 3년을 넘게 달린 포레스트가 달리기를 마쳤을 때는 엄청난 무리가 그를 따르고 있었다.

예수는 자신이 걸어가는 길을 우리도 걸어야 한다고 가르치셨다. 예수는 말 그대로 진짜 많이 걸어 다니셨다! 포레스트처럼 예수는 계속해서 이동하고, 가르치고, 사건이 벌어지는 곳이면 어디든 제자들을 데리고 다니셨다. 거기가 길가일 때도 있고 어떤 사람의 집인 경우도 있었다. 자신을 죽이려는 사람들을 피해 도망 다니기도 하셨다. 변화는 교회 건물 안에 소극적으로 또는 안전하게 머물러 있는 것이 아니다. 삶 가운데 예수께서 가르치신 대로 행할 때 비로소 변화가 일어난다.

이것이 성육신적인 공동체가 혼자 예배에 참석하거나 경건의 훈련을 하는 것보다 영적 성장에 훨씬 더 효과적인 이유다. 우리는 머릿속에 지식을 집어넣거나 스스로 깨달음을 얻어 변화하는 걸 바라면서 가만히 앉아 있지 않는다. 우리는 이웃에게 들어간다. 서로의 삶으로 들어간다. 그리고 암울하고 절망적인 고통의 현장으로 들어간다. 그러면 머릿속 지식이 마음을 변화시키고 마침내 손을 내밀어 세상으로 나아가게 된다. 그때 예수와 제자 공동체처럼 우리도 공동체가 함께 경험한 것을 같이 모여서 나누고 하나님께 영광을 돌린다.

개인적으로 나 자신이 이런 힘든 길을 선택하고 싶어 하지 않는 모습을 보게 되었다. 하지만 내가 예수와 함께 걷듯이 나와 같이 걸어 주는 친구들이 있기에 오늘도 나는 공동체에 남아 있다.

하나님만이 아닌 예수를 통한 변화

요한복음 14장에서 예수는 곧 제자들 곁을 떠날 거라고 말씀하셨다. 제자들은 기겁했다. 긴장이 최고조에 달했다. 지난 3년 동안은 험한 이스라엘 땅에서 스승만 따라다니면 되었다. 예수께서 실제 눈에 보이는 사람이었기에 그것이 가능했다. 그렇다면 예수께서 떠나신 뒤 제자들은 어떻게 했을까? 따를 대상이 보이지 않는데 어떻게 계속 가던 길을 갔을까? 제자들이 길을 잃고 방황할 수도 있지 않았을까?

제자들을 돕기 위해 예수는 이렇게 말씀하셨다. "하나님을 믿으니 또 나를 믿으라"(요 14:1).

예수께서 왜 이런 말씀을 하셨을까? 예수는 멀리 떨어진, 비인격적인 하나님을 믿는 모호한 신앙은 제자들에게 아무런 도움이 되지 않는다는 걸 아셨다. 오늘날도 마찬가지다. 당신이 하나님을 믿을 때, 영적인 감정에만 머무를 수 있다. 하지만 이런 신앙에는 특별한 부르심도 없고, 지금 있는 자리를 뛰어넘으라는 영적 도전도 없고, 천국의 삶에 대한 비전도 없다. 그래서 예수께서 "또 나를 믿으라"고 말씀하셨던 건 제자들을 직접 신앙의 여정으로 초대하는 것이다. "나는 한 사람으로서 너희들과 동행했다. 너희들이 어떻게 살아가고, 말하고, 행동해야 하는지 가르쳤다. 그러니 하나님을 믿으라. 또 나를 믿고 나를 따라 성육신의 삶을 살아라!"

실질적으로 영적 변화가 무엇인지 확인할 수 있는 유일한 방법은 자기 안에 있는 예수께서 어떻게 살아갔고 무엇을 이루었는지를 보는 것이다.

이 말씀을 기억하라. "그(예수)의 안에 산다고 하는 자는 그가 행하시는 대로 자기도 행할지니라"(요일 2:6). 이와 관련해 바울은 갈라디아서 4장 19절에서 이렇게 표현했다.

"너희 속에 그리스도의 형상을 이루기까지"

이것은 회심을 뛰어넘는 부르심이다. 곧 변화로 이끄시는 부르심이다.

이번에는 〈생각〉, 〈느낌〉, 〈실행〉 코너가 없다.

이제까지 질문에 답을 해 오거나, 아니면 건너뛰었을 것이다.

지금은 하나님과 함께 산책하는 게 가장 좋을 것 같다.

성육신적 삶을 살아가는 이들을 위한

마지막 이야기

　인생은 단 한 번뿐이다. 이 책에 전 세
계에 있는 그리스도인들의 신앙 운동이 되살아나길 바라는 나
의 간절한 마음을 담았듯이, 나는 이 책을 읽는 여러분이 세상의
흐름과는 완전히 구별되는 삶을 살길 소망하며 기도한다.
　그런데 안타깝게도 그리스도인들이 '활발한' 신앙생활을 한
다고는 하나 개인의 종교적 소양을 끌어올리는 수준에 머물 때
가 있다. 이렇게 독단적인 모습을 보이면 우리 자신에게뿐 아니
라 믿지 않은 사람들에게 아무 유익이 없다. 하지만 이런 태도를
버리고 진정한 예수 그리스도의 형상을 갖게 되면 지극히 자연

스러우면서도 기적적인 일들이 새로운 규범으로 자리매김할 것이다. 물론 그렇게 되기까지는 시간이 필요할지 모르지만, 예수의 삶은 우리가 살아가는 이 땅의 흐름과 리듬에 무엇보다도 부합할 수 있다. 사도행전 17장 28절은 이렇게 말한다. "우리가 그를 힘입어 살며 기동하며 존재하느니라." 갈라디아서 2장 20절은 좀 더 구체적으로 서술하고 있다. "내가 그리스도와 함께 십자가에 못 박혔나니 그런즉 이제는 내가 사는 것이 아니요 오직 내 안에 그리스도께서 사시는 것이라. 이제 내가 육체 가운데 사는 것은 나를 사랑하사 나를 위하여 자기 자신을 버리신 하나님의 아들을 믿는 믿음 안에서 사는 것이라."

이 말씀들은 단순한 주일 예배 참석자나 교회 신도의 이야기가 아니다. 깊이 회개하고, 깊이 희생하고, 깊은 신앙을 갖고, 세상에 깊이 있는 영향을 미치며 살라는 부르심이다. 시편에서 노래하듯이 하나님은 깊은 분이다. "주의 폭포 소리에 깊은 바다가 서로 부르며"(시 42:7).

누가복음 5장에는 예수께서 처음으로 제자를 부르는 장면이 나온다. 큰 무리가 예수의 말씀을 들으려고 몰려들었다. 이때 예수는 호숫가에 묶여 있는 빈 배 두 척을 보았다. 무리에게 말씀이 잘 들리게 하려고 예수는 베드로의 배에 올라 베드로에게 배를 육지에서 조금 떨어지게 해 달라고 요청했다. 거리는 3m나 그 이상 되었던 것 같다. 당시 상황을 상상해 보면, 피곤함에 찌든 베드로가 예수를 배에 앉도록 도와주고, 무리는 말씀을 들으려고 호숫가에 앉았을 것이다. 베드로는 뱃머리를 붙잡고 천천히 물속으로 들어갔다. 그리고 예수가 무리를 가르치는 동안 배가 떠내려가지 않도록 그 자리에서 배를 붙들고 있었을 것이다. 베드로는 이때 처음으로 예수의 가르침을 들었다. 어부였던 베드로는 전날 밤새 그물을 내렸지만 고기를 한 마리도 잡지 못했다.

낚시를 해 봤는지 모르겠지만, 낚시를 했는데 한 마리도 건지지 못하면 심정이 참담하다. 기분을 풀어보려고 농담 삼아 이런 말은 할 수 있다. "재미 삼아 하는 건데 뭐." 아니면, "물고기는 안 잡혀도 사무실에서 일하는 것보다는 낫지." 하지만 마음속으로는 물고기가 잡히지 않아 불만스럽다.

베드로에게 고기잡이는 생계 수단이었다. 그런 그에게 예수가 배를 빌리자고 했을 때 틀림없이 기분이 이상했을 것이다. 더군다나 다시 배를 몰고 나가 깊은 곳에 그물을 던지라고 했을 때는 마음이 꽤 곤란했을 것이다.

그런데 이것이 바로 예수께서 우리 모두에게 행하신 일이다.

우리는 베드로처럼 대답한다. "네, 주님, 우리는 밤새 그물을 내렸지만, 아무것도 잡지 못했습니다. 오늘 밤에도 마찬가지일 겁니다. 노력이 수포가 될 거예요. 차라리 그물을 걷어다가 손질하는 게 낫습니다(눅 5:5, 저자가 변형함).

무슨 이유인지 베드로는 예수가 범상치 않은 인물이라는 것을 직감했다. 몹시 지쳐 있었지만, 예수의 말씀에 순종했다. 배

에 널어놓은 젖은 그물을 끌어모았고 노를 다시 잡았다. 그러고
는 예수와 함께 무리에서 떨어져 호수 깊은 곳으로 향했다.

깊은 곳으로 가기

잠깐! 예수께서 베드로에게는 깊은 곳으로 가라고 하셨지만,
무리에게는 친절하셨다. 다른 때와 마찬가지로 이번에도 무리
에게 물러가라 하지 않고 그들을 먹이고 가르치고 고쳐 주셨다.
이유는 잘 모르겠지만 어쨌든 예수는 그들이 있는 그 자리에서
사랑하셨다. 누구에게도 깊은 곳으로 가라고 강요하지 않았다.
그는 앞으로도 사람들을 가르치고 먹이고 사랑을 베푸실 것이
다. 당신도 포함해서!

신약에 '은혜'라는 개념이 많이 나온다. 은혜를 받는다는 건
당신이 하나님을 위해 꼭 선교지에 갈 필요는 없다는 걸 의미한
다. 굳이 당신의 인생을 그분에게 내어드리지 않아도 은혜는 받
을 수 있다는 말이다.

하지만 더 깊이 있는 삶, 다시 말해 자신의 인생을 예수께 내
어드리는 삶은 하나님의 영광을 진심으로 보기 원하는 사람, 하
나님 나라가 무엇인지 알고 싶어 하는 사람을 위한 삶이다. 이런
사람은 주께 자신의 삶을 맡겨 드릴 때 비로소 약속하신 풍성한
인생을 살 수 있다는 사실을 알고 있다.

누가복음 5장에서 베드로는 깊은 곳으로 가서 다시 그물을

던졌다. 베드로가 그물을 던지면서 이런 생각을 했을 것 같다. '지난밤에 우리가 왔을 때처럼 아직도 물이 많구나. 지금처럼 한창 더운 대낮은 피해야 하는데. 이 시간에는 그물을 던지는 대신에 육지로 올라가서 그물을 고치고 꿰매는 편이 나을 거야. 어젯밤이나 지금이나 상황이 똑같아!' 우리도 대부분 이런 생각을 한다. 지금까지 우리가 경험한 걸 기초로 가능성을 타진해 본다.

그러나 베드로는 주께 순종해 그물을 던졌고 그 자리에서 어마어마한 물고기 떼가 그물에 걸려들었다! 베드로는 재빨리 주변에 있던 동료들을 불러 같이 그물을 끌어 올렸다. 베드로의 동료들은 물고기가 사방에서 팔딱거리는 걸 보면서 웃음이 터져 나왔을 것이다. 배는 물고기가 가득 차 거의 가라앉을 지경이었지만, 예수의 능력을 눈으로 확인한 사내들은 서로 얼굴을 쳐다보면서 웃고, 환호성을 지르고, 덩실덩실 춤을 췄을지도 모른다!

다른 사내들이 기뻐하며 자축하고 있을 때, 베드로는 상심하여 예수의 발 앞에 엎드렸다. 예수께서 두 번째로 선택 사항을 제시하셨기 때문이다. 베드로는 자기 뜻과 힘으로 살 것인지, 아니면 예수의 뜻과 힘으로 살 것인지 선택의 갈림길에 직면했다. 이날은 베드로가 '예수를 믿기'라는 첫 번째 결정과 '예수를 따르는 삶을 살기'라는 두 번째 결정을 하는 날이었다.

첫 번째 결정만? 두 번째 결정까지도?

첫 번째 결정만 한 그리스도인들은 수도 없이 많다. 이들은 예수께서 자신을 위해 예비하신 일을 믿기로 한다. 하나님에 대한 믿음도 있지만, 그냥 믿음의 수준에 머문다. 그냥 교회 예배 참석만 하는 사람일 수도 있고, 하나님을 감정적으로만 찬양하기 좋아하는 사람일 수도 있다. 어쩌면 성경 공부나 소그룹을 통해 하나님에 대해 더 배우는 걸 좋아할지도 모른다. 그러나 이들은 호숫가에 머무는 것, 다시 말해 피상적인 신앙에 머무는 것을 더 좋아하는 경향이 있다.

두 번째 결정을 한 그리스도인들은 이미 첫 번째 결정을 한 사람들이다. 하지만 이들은 깊은 물로 나아간다. 예수를 따르는 삶을 살기로 두 번째 결정을 한 사람들이다. 예수는 누구보다도 남을 판단하지 않는 분이다. 그러므로 그들도 예수처럼 남을 판단하지 않으려고 노력한다. 예수는 원수를 사랑하고, 자신을 이용하려고 하는 사람들을 오히려 섬기고, '왕따와 죄인'들을 절친한 친구로 삼고, 종교적 허례허식을 없애는 데 앞장선다. 따라서 이들도 예수와 동일하게 행동한다.

첫 번째 결정만 한 사람들은 넓은 길을 택한 것이고, 두 번째 결정까지 한 사람들은 좁은 길을 택한 것이다. 첫 번째 결정만 한 사람들은 현실 세계는 외면한 채 안전하게 생활하고 그저 하나님 나라가 다시 오기만을 기다린다. 그러나 두 번째 결정을 한

주의 제자들은 위험을 감수하고 세상으로 들어가고 지금 여기에 손에 잡히는 하나님 나라를 만든다. 첫 번째 결정만 한 사람들은 세상이 주도하는 문화의 흐름에 휩쓸려 다닌다. 하지만 두 번째 결정을 한 리더들은 세상 문화와 구별되는 하나님 나라의 문화를 창조해 낸다.

배우는 자가 되라

초반에도 살펴보았듯이, 이 땅에서 참된 성육신의 삶을 사는 일은 쉽지 않다. "그의 안에 산다고 하는 자는 그가 행하시는 대로 자기도 '배워야' 할지니라"(요일 2:6, 저자가 변형함).

성육신의 중요한 요소에 관해 살펴보는 것 외에도 예수와 함께 행하는 삶에 관해 이야기해야 할 것 같다. 처음에는 몇몇 동료들과 함께 도움을 주고받으면서 사명을 위해 필요한 근육을 키워 나갈 수 있다. 이때 성령께서 당신을 은혜와 진리로 인도하실 것이다. 그분의 인도를 따라 당신이 더 깊이 들어갈수록 어떻게 살아야 할지 더 많이 배우게 될 것이다. 말 그대로 아침에 일어나 성령께 그날 하루도 개입해 주시길 구하고, 내가 어떻게 주를 따라야 하는지 지혜를 구해야 한다.

마가복음 10장 32절에서 우리는 두 번째 결정을 한 '제자들'과 첫 번째 결정만 한 '따르는 자들'의 차이점을 분명히 볼 수 있다. "예루살렘으로 올라가는 길에 예수께서 그들 앞에 서서 가시는데 그들(제자들)이 놀라고 따르는 자들은 두려워하더라."

차이점이 보이는가? 예수께서 우리를 이끄실 때, 따르는 사
람들은 두 가지 유형으로 나뉜다. 당신은 그냥 말씀을 듣거나 읽
고, 교회 예배에 나가고, 찬송가를 부르면서 예수의 뒤만 따라
가고 있는가? 아니면 걷는 속도를 높여 예수와 그의 제자들을
따라잡고 함께 놀라운 일들을 목격하는가?

나는 당신이 예수의 삶을 살고 예수께서 당신 안에서 살기를
간절히 바란다. 예수는 당신에게 성육신의 삶을 살려면 무엇을,
어떻게, 언제, 누구와 해야 할지 가르쳐 주신다. 이제 예수께서
제자들에게 하신 말씀을 여러분이 들을 차례다. "아버지께서 나
를 보내신 것 같이 나도 너희를 보내노라"(요 20:21).

공동체로 들어가라. 그 공동체는 성령의 능력으로 나아갈 것
이다.

예수를 노골적으로 드러내라

책 서두에 문신에 관해 이야기했었다. 내 팔뚝에 성육신의 이
미지를 문신으로 새겨 남들에게 보이고 다니듯이, 당신도 예수
를 노골적으로 내보이면 좋겠다. 성육신의 삶은 궁극적으로 세
상에 하나님의 영광을 드러내는 것이다. 예수는 세상에 하나님
이 어떤 분인지 알리려고 이 땅에 오셨다. 그러니 당신이 사랑하
고 섬기는 예수를 숨기지 말고 그분이 하신 대로 세상으로 들어

가라. 그리고 이 땅을 떠나기 전에 평안한 마음으로 이렇게 말하
길 바란다. "아버지, 아버지께서 내게 하라고 주신 일을 내가 다
이루었습니다."

'육체' 안에서 남은 인생을 온전히 즐기길.

주

들어가는 글

1. Dallas Willard, "Your Place in This World," *The Graduate's Bible* (*Holman Christian Standard Bible*) (Nashville: Holman Bible Publishers, 2004), 1120.

I 성육신(Incarnation)

1. Jason Mraz, "I Won't Give Up," *Love Is a Four Letter Word* ©2012 Atlantic.

1장 하나님의 노스탤지어

1. Rob Lacey, *The Word on the Street* (Grand Rapids: Zondervan, 2003), 25~26.
2. The Winans, "Redeemed," *Let My People Go* ©1990 Word Entertainment.

7장 노동자들에 대한 보상

1. Lance Ford, *UnLeader: Reimagining Leadership … and Why We Must* (Kansas City, MO: Beacon Hill, 2012), 69.

13장 일 마무리하기

1. *Forrest Gump*, directed by Robert Zemeckis (Hollywood: Paramount Pictures, 1994).

믿음을 살다

사단법인 기독교세계관학술동역회
사역 소개

● 세계관 운동

삶과 학문의 모든 영역에서 예수 그리스도가 주인이심을 고백하고, 하나님의
말씀대로 생각하고 적용하며 살도록 돕기 위한 많은 연구 자료와 다양한 방
식의 강의 패키지들을 준비하고 있습니다. 특히 삶의 각 영역에서 만날 수 있
는 문제들에 대한 대안을 찾을 수 있도록 세계관 기초 훈련, 집중 훈련 및 다양
한 강좌들을 비롯하여 기독 미디어 아카데미, 기독교 세계관 아카데미, 어린
이 청소년 세계관 강좌 등 다양한 강의와 세미나가 준비되어 있습니다. 강의
를 원하시는 교회나 단체는 기독교세계관학술동역회 사무국으로 연락해 주시
면 친절히 안내해 드립니다.

● 기독교학문연구회

기독교학문연구회(KACS : Korea Association of Christian Studies)는 기독교
적 학문 연구를 위한 학회로, 각 학문 분야별 신학과 학제간의 연구를 진행하
여 신앙과 학문의 통합을 추구하고 있습니다. 연구 발표의 장으로 연 2회의 학
술대회를 개최하고 있으며, 한국연구재단 등재학술지 〈신앙과 학문〉(1996년
창간)을 발행하고 있습니다.

● 월간 〈월드뷰〉

성경적 삶의 적용을 위해 정치, 경제, 사회, 문화, 교육 등 제반 영역에서 성경
적 관점으로 조망하는 〈월드뷰〉는 세상바로보기 운동의 일환으로 매월 발간
됩니다. 2013년부터 월드뷰는 이매거진 서비스를 제공하여 모바일로도 구독
하실 수 있습니다.

● 기독미디어아카데미

기독미디어아카데미는 기독교 세계관으로 무장한 기독 언론인을 길러내기 위
한 전문 교육 기관입니다. 급변하는 사회 속에서 갈수록 언론 본연의 기능을

잃어가는 반기독교적 미디어 환경 가운데 기독 언론인으로서의 정체성 확립을 위해 시작되었습니다.

● VIEW 밴쿠버기독교세계관대학원

1999년 7월, 밴쿠버기독교세계관대학원(VIEW)은 캐나다 최고의 기독교대학인 Trinity Western University 대학의 신학대학원인 ACTS와 공동으로 기독교세계관 문학석사과정(MACS-Worldview Studies)을 개설했습니다. 현재 캐나다 밴쿠버에 기독교세계관 문학석사 과정, 디플로마(Diploma) 과정을 운영하고 있으며, 2006년부터는 다양한 연수 프로그램(교사 창조론, 지도자세계관학교, 청소년 캠프 등)을 개최하고 있습니다.

● CTC 기독교세계관교육센터

CTC(Christian Thinking Center)는 가정과 교회와 학교에 기독교 세계관 교육 콘텐츠를 제공함으로서 다음 세대 그리스도인들이 기독교 세계관으로 생각하고 살아가도록 돕는 것을 사명으로 하는 어린이, 청소년 세계관 교육기관입니다.

● 도서출판 CUP

바른 성경적 가치관 위에 실천적 삶을 살아가는 그리스도의 제자들을 세우며, 지성과 감성과 영성이 전인적으로 조화된 균형잡힌 도서를 출간하여 그리스도인다운 삶과 생각과 문화를 확장시키는 나눔터의 출판을 꿈꾸고 있습니다.

■ (사)기독교세계관학술동역회 연락처_ ☎. 02)754-8004
(140-909) 서울특별시 용산구 이촌로 2가길 5, A동 102호 (이촌동, 한강르네상스빌)
E-mail_ info@worldview.or.kr
Homepage_ www.worldview.or.kr

■ 도서출판 CUP 연락처_ ☎. 02)745-7231
(140-909) 서울특별시 용산구 이촌로 2가길 5, A동 103호 (이촌동, 한강르네상스빌)
E-mail_ cupmanse@gmail.com
Homepage_ www.cupbooks.com